〔인생거울〕

이종건

2015

〔인생거울〕 한 건축 비평가의 인생 리모델링 매뉴얼 © 이종건

글과 사진 © 이종건은 우리 시대 가장 소중한 자리를 지키는 비평가다. 한국 현대 건축의 중심과 주변을 넘나드는 그의 글과 평문들은 언뜻 날을 세우고 있는 듯하지만, 기실 따뜻한 시선의 깊이로 문제의 핵심을 잘 집어올리고 있다. | 1955년 부산에서 태어나 부산대학교 건축공학과를 졸업하고 같은 대학의 대학원 건축공학과에서 수학하면서 꾸준히 일반 공모전과 설계 경기에 참여했다. 1987년 미국으로 건너가, 오클라호마 대학교 건축 대학에서 건축학 석사를 마친 후 조지아 공과 대학교 건축 대학에서 역사 · 이론 · 비평 전공으로 박사 학위를 받았다. 1998년부터 경기대학교 건축대학원 교수로 재직 중이다. '포아 비평가 포럼' 의장을 거쳐 『와이드AR』 논설 고문으로 있으며, 2015년에 계간지 『건축평단』을 창간했다. 작품으로 한국건축가협회 초대 작가전에 출품한 〈삼가〉가 있고, 2014년에는 건축 개인전《Outcast/ed》를 열었다. | 쓴 책으로 『건축의 존재와 의미』 『해방의 건축』 『해체주의 건축의 해체』 『중심 이탈의 나르시시즘』 『텅 빈 충만』 『문제들』 『건축 없는 국가』 등이 있으며, 옮긴 책으로 『차이들 : 현대 건축의 지형들』 『건축 텍토닉과 기술 니힐리즘』 『건축과 철학 : 바바, 건축과 탈식민주의 비판 이론』 등이 있다.

Published by 수류산방 樹流山房 Suryusanbang, 2015
초판 1쇄 2015년 09월 23일
값 10,000원
ISBN 978-89-91555-45-7 03810
Printed in Korea, 2015
수류산방 樹流山房 Suryusanbang
등록 | 2004년 11월 5일(제300-2004-173호)
주소 | 서울 종로구 청운동 57-51
| A. 57-51, Cheongun-dong, Jongno-ku, Seoul, KOREA
| T. 02 735 1085 | F. 02 735 1089
프로듀서 | 박재성 Producer | PARK Jasohn
발행인 및 편집장 | 심세중 Publisher & Editor in Chief | SHIM Sejoong
크리에이티브 디렉터 | 박상일 + 朴宰成 Creative Director | PARK Sangil + PARK Jasohn
이사 | 김범수 박승희 최문석 Director | KIM Bumsoo, PARK Seunghee, CHOI Noonseok
편집팀 | 김유정 이승민 Editorial Dept. | KIM Youjung, LEE Seungmin
디자인 · 연구팀 | 변우석 김은하 Design & Research Dept. | BYUN Wooseok, KIM Eunha
도움 | 조정화 Guest Staff | CHO Jeonghwa
인쇄 | 코리아프린테크 (T. 031 932 3551~2) Printing | Korea Printech Co.,Ltd

〔인생거울〕

한 건축 비평가의 인생 리모델링 매뉴얼

글과 사진

이종건

2015

수류산방

樹流山房

SURYUSANBANG

〔인생거울〕

한 건축 비평가의 인생 리모델링 매뉴얼

00

책머리에

그리도 뜨겁던 여름이 어느덧 빠져 나가고,
선득선득한 바람 부는 가을이 되면,
사라진 열기로 마음이 허전하다.

기억에도 흐릿한, 누구에게나 있었던
뜨거웠던 삶의 날들 때문이리라.
궁핍했지만 무섬증 없었던, 지나가 버린
청춘 때문이리라.
서툴러 망쳐 버린, 그런데도 설레고 떨렸던
사랑 때문이리라.

그나마 하늘이 맑고 바람이 상큼할 때는 덜 그렇지만,
긴 옷을 챙겨 입는 늦가을은, 사라져 버린 것들이 더 아쉽다.
뜨거웠던 것들과 따사로웠던 것들과 익숙했던 것들이 그립다.

소중한 것들은
새로 얻기는 로또만큼이나 어려운데, 돌아보니 쉬이 잃었다.

|

나는 나날이 낡아가고 추해지고 약해지고,
뭇 청춘들은 늘 약동한다.
애써 조감의 눈으로 빈한해져 가는 삶을 견디지만,
가끔 찾아드는 육신의 고통이 실존을 대면케 한다.
뜨겁거나 미지근한 정(情)도, 속은 비어가고,
사랑과 우정의 맹세도, 한 때의 열병처럼 지나간다.

|

그럼에도
덧없는 시지프스의 운명도 오직 자신의 것이듯
닥쳐오는 모든 것은 오직 내 것이다.
해서,
비가 오면 비를 맞고
바람 불면 바람 맞고
더우면 더운대로 추우면 추운대로
모두 끌어안고 걸어가며
몸에 부대끼는 모든 감각과 보이는 모든 풍경을
온통 음미하고 싶다.

|

겨울 삭풍이 불 날이 그리 멀지 않았다.
나뭇잎들은 생명의 줄기로부터 떨어져 나가려고 한껏 물들인다.
석양의 해도 사라지기 위해 한껏 물들인다.

하늘의 유성도 소멸하기 위해 한껏 빛을 낸다.
사람도 떠날 때는 그렇게 아름다울 수 있을까.

이 책은
삶이 가을 한가운데 접어든 어느 날
문득 거울에 비친 나를 찬찬히 그려 본 것들이다.

그런데 거울의 나는 거울을 보는 나와 다르다.
거울의 나는,
내가 보고 싶어 하는 모습에 따라 〔나도 모르게〕 만든 모습이다.
마치 내 마음에 드는 컷만 간직하는 사진처럼
좋은 모습만 본다.
그래서 거울의 나는 늘 실제보다 젊고 아름답다.

그러니
이 책의 글들에도
나를 미화하는 욕망이 당연히 투사되었을 것이다.
글을 쓰는 모든 자는
심지어 고통스럽고 비참한 삶의 고백마저도
은연 중에 자신을 꾸미고, 자신이 유리하도록 만든다.
의식적으로 그리한다기보다
운명적으로 그리할 수밖에 없다.
그것은, 글을 쓰는 모든 행위, 말을 하는 모든 행위에
벗겨 낼 수 없는 피부처럼 붙어 있기 때문이다.

그러니
나 또한 당연히 그리했을 것이다.
해서,
이 글을 읽는 모든 독자에게 나는
그 점을 마음에 챙기기를 당부한다.
그것 말고는
어떻게 읽든, 어떻게 판단하든 개의치 않는다.
|
그리고 독자에게 단 하나 희망하는 것은
내 글이 작은 거울이 되는 것,
그리하여
읽는 도중이나 읽은 후
문득문득
부디 내가 아니라 자신을 보기를,
그리할 수 있기를 희망할 뿐이다.
|
충만하게 존재한 후, 텅 비어 소멸하기를 꿈꾸며.
|
2015년 7월
이종건

01

외로움 다스리기

커피를 들고 베란다에 나갔다. 뭔가 마음이 허할 때마다 하는 일상의 버릇이다. 창밖의 북한산은 손에 잡힐 듯 또렷하고, 온 세상이 청명함에 머문 정물화 같다. 저 멀리 몇몇 사람이 길 위를 인형처럼 뜨문뜨문 움직여간다. 그야말로 빛으로 충만한 날이다.

보드리야르(Jean Baudrillard)가 '빛의 도시'라 불렀던 엘에이(Los Angeles)가 머리를 스쳤다. 겨울이 없는 땅이라, 마음에 드는 직업만 있으면 정말 살고 싶은 곳이다. 하고 싶은 일을 하면서 생활비도 적절히 벌 수 있고, 날씨도 좋고, 편하고 좋은 친구 서넛쯤 있으면 바로 그곳이 천국이 아닐까 싶은데, 나에게 거기는, 셋 중에 둘이 빠져 있으니, 그저 잠시 머물기 좋은 곳이다. 서울엔 날씨가 나쁘지만, 나머지 둘이 그럭저럭 괜찮으니, 내가 천생 살고 죽을 곳이다. 그런데, 친구라….

이미 비워진 커피 머그를 그냥 손에 든 채, 돌연 홀로 있음의 느낌에 잡혔다. 지나간 삶의 파편들이 주마등처럼 스쳤다. 파편들 밑에는 외로움이라는 커다랗고 깊숙한 웅덩이가 덩그라니 놓여 있다. 돌이켜보면 나는, 언제 파였는지 알 수 없는, 바닥이 보이지 않는 검은 그 놈을 불현듯 알아차리면서부터, 그 놈을 메워 보려고 무던히도 애쓰며 살아 왔다. 최고의 약은 역시, 그 놈의 뿌리를 추적하는 글쓰기에 있었다.

|

소위 자문자답, 곧 혼자 캐묻고 혼자 답했다. 나는 왜 외로울까? 누구나 그렇듯, 별 허식이나 꾸밈없이 속말을 편히 주고받을 수 있는 사람, 즐거움이나 슬픔을 나눌 수 있는 사람, 한 마디로, 삶의 길을 함께 걸어갈 동무 곧 도반이 없기 때문이다. 외로움은 단지, 혼자라는, 그러니까 혼자 뚝 떨어진 채 살고 있다는 자각에서 비롯된다.

|

홀로 있는, 그래서 말 한 마디 나눌 일이 없는 시간이 누적되어 내 감관들이 마치 밀가루 반죽처럼 축 처질 때, 특히 생일이나 추석과 같이 특별한 날 그럴 때, 어김없이 외로움에 몸서리친다. 오랜 날들을 외국에서 보내다 피로에 지친 몸으로 텅 빈, 폐가 같은 집에 들어설 때, 그래서 물 한 모금, 먹거리 하나 없는 냉장고 문을 열 때, 몸이 아파 아무것도 못 챙겨 먹은 채 짐승처럼 끙끙 앓고 났을 때, 그리고 가끔 몸에서 남자가 꿈틀거릴 때도 그렇다.

|

그런데 파울 틸리히(Paul J. Tillich)는, '홀로 있음'의

인식에서 비롯되는 감정을 두 가지로 구분한다. 홀로 있음을 영광으로 느낄 때에는 고독, 그것을 고통스럽게 여길 때에는 외로움으로 말이다. 나는 그 상태가 결코 영광스럽지 않으니, 그리고 분명히 고통스러우니, 정확히 외롭다. 외로움을 고독으로 바꾸는 방도는 무엇일까. 아니 그보다 우선, 고통에서 좀 벗어날 수 있는 방법은 없을까.

|

외로움이라는 놈은 오랫동안 난공불락이었다. 이리해 봐도, 저리해 봐도, 도무지 떨쳐 낼 수 없었다. 어느 날, 정호승 시인의 말을 들었다. 그 분 왈, 사람은 모두 외롭다는 것. 그렇다면 사람으로 사는 한 어쩔 수 없는 일이겠다. 사람은 다 외롭다는 것은, 웬만한 사람들은 다 알고 또 가끔 말하고 있는 터다. 누군들 깊숙한 마음 골방에 외로움이라는 짐승 한 놈 웅크리고 있지 않겠는가? 외로우니까 인간이라는 시적 표현은 그래서, 나에게 별 소용이 없다. 외로움은 이길 게 아니라 견뎌 내야 하는 것이라는 그의 말이 좀 찡하다. 나로서도 외로움은 결코 이길 수 없었으니, 그저 견디며 살아갈 수밖에 없는 것인가 하며 가끔 포기하고 싶었으니 말이다. 외로움을 견딜 수 있는 장사가 있을까 싶다. 가끔 견디기 힘들 만큼 외로워 보니, 외로움이란 그저 견뎌 내어야 하는 것이라는 생각을 받아들이기 싫었다. 견뎌 내기만 하는 방식의 삶이 도무지 마음에 들지 않았다. 외로워 죽은 이가 있다면, 그는 이미 죽었으니 아무 소용이 없고, 그저 견뎌 가며 살아갈 따름이라면, 이 또한 아무 대책이 아니기 때문

이다. 나는 덜 고통스러울 대책이 필요하다. 죽거나 견디거나 하는 것은, 사태를 전혀 더 낫게 만들지 않는다.

|

결국 내 방식대로 이럭저럭 애쓰다, 외로움을 길들이는 효과적인 방법을 찾았다. 무엇보다도 외로움을 운명으로 받아들인 것이 주효했다. 외로움은 어찌할 수 없는 내 운명이라고, 그러니까, 내가 선택한 삶의 방식 곧 내 존재 방식에서 오는 것이라고 생각하자 거짓말처럼 좋아졌다. 삶을 운명으로 받아들이는 태도는 우리로 하여금 변화의 욕망을 꺾는 탓에, 나는 사실 매우 부정적인 것으로 보지만, 외로움을 운명으로 해석하는 전략은 정말 효험이 있었다. 통제할 수 없는 것은, 아예 통제할 생각을 버리는 것이 삶의 질에 유리하기 때문이다. 〔나중에 나는 노무현 대통령의 유서에서 운명이라는 단어를 보며, 그가 자신의 삶/죽음을 운명으로 받아들이며 얻었을 마지막 평온을 상상했다.〕

|

운명에 비해 강도가 좀 떨어지지만, 그러면서도 그에 못지않은 효험을 준 것은 '기본적인 삶'의 재설정이었다. 그 날도 지금처럼, 커피를 손에 든 채 베란다에 서서 물끄러미 밖을 보며 생각에 잠겼다. 요 며칠, 외로움에 한껏 지쳐 있던 터였다. 어찌하면 외로움에서 좀 벗어날 수 있을까 고민하다, 죽을 때에는 누구나 혼자 죽는다는 사실을 떠올리며 생각해 낸 것이다. 죽음이 그러하다면, 삶도 그러하지 않겠나 싶었다. 삶의 기본을 '홀로 살기'로 잡았더니, 그 순간, 외로움이 희한하게도 쑥 물러

갔다. 그렇게 생각했더니, 다른 이와 함께 사는 시간들이 삶의 보너스 혹은 축복으로 변했다.〔두 명의 이성으로써 삼각 구도를 이루어 사는 것이 인간의 기본적인 삶이라 말하는 듯한, 무라카미 하루키의『상실의 시대』는, 이성에 대한 모든 욕망과 열망을 단 한 사람에게서 해결하려는 것은, 근본적으로 불가능한 몸짓이라는 것을 말하고 싶은 것이 아닌가 싶다.〕그동안 두 성인이 함께 사는 삶을 기본으로 여겼으니, 혼자 사는 것은 기본이 갖춰지지 않은, 그러니까 결핍된 삶일 수밖에 없었다.

|

외로움을 다스리는 좀 더 현실적인 기술은, 세상에서 가장 무서운 반복이라는 놈을 이용하는 것이다. 외로움을 타지 않는 상태를 의식적으로 반복하는 매우 단순한 방법이다. 홀로 있는 시간이 길어지면, 깊은 상상에 빠지는 버릇을 만들거나, 그 시간을 즐기는 시간으로 생각해서, 내가 즐길 만한 것들 곧 보고 싶은 영화나 드라마 파일들을 잔뜩 챙겨 두거나, 그동안 해 보지 않거나 못 했던, 내가 하고 싶었던 것을 할 수 있도록 챙겼다. 어느 추석 명절은 미국 드라마 〈프리즌 브레이크〉와 〈24〉를 보며 보냈다. 그랬더니, 정말 외로움이 쑥 줄어 들었다.

|

이 방법들도 통하지 않아 집요하게 들러붙는 외로움을 다스리는 마지막 무기는, 약간의 고급스러운 상념이다. 홀로 있는 고요한 시간이 드러내는 존재의 투명성을 기꺼이 들여다보며, 내 영혼 속에서 머뭇거리는 사랑의 갈망을 더 키우고, 내 삶의 노정과 운명을 더 깊이 응시하

고, 그리하여, 여생을 더 열정적으로 살아갈 방도를 궁리한다. 홀로 있는 시간을 그렇게 썼더니 외로움을 예전처럼 타지 않게 되었다. 그런데 외로움이 좀 있으면 어떠랴? 외롭지 않은 인간이 어디 인간이겠는가?

02

부자의 삶

날씨가 참 좋은 어느 날 저녁, 근사한 한식 레스토랑에서 낯선 사람을 만났다. 술이든 밥이든 거의 늘 내가 값을 치른 제자인데, 졸업하고 몇 년 지났을까, 언제부터인지 어김없이 그가 내는 식사 자리였다. 학창 시절에는 그야말로 노숙자처럼 살던 그 친구가, 어느덧 나보다 경제적으로 이미 〔훨씬〕 더 낫게 된 것이다. 진실로 인간적인 인간 관계라면, 더 많이 가진 쪽이 마땅히 더 많이 부담해야 한다고 스무 살쯤부터 믿어 온 터라, 그런 뒤집힌 구도가 그저 고맙고 즐겁다.

제자의 지인인 그 낯선 사람은 아주 돈이 많다고 들은 내 또래 나이의 재미 교포였다. 그와 이런저런 얘기 도중에, 어떤 사람이 과연 부자일까에 대해 의견을 나누게 되었다. 이야기가 우리 자신을 가늠할 수 있을 실용적 관점에 이르자, 그는 자신의 의견을 먼저 내어 놓았다. "한 달 생활비 곱하기 지금부터 죽을 때까지에 이르는 기간만큼의 돈을 가진 자가 부자다."

눈에 띄는 것이 아파트인데, 소형 아파트 하나 가져 본 적 없으니, 그리고 늘 마이너스 통장을 챙겨 두어야 가끔 생기는 문제를 해결할 수 있으니, 나는 그 잣대로는 부자가 아닌 것이 너무나 분명했다. 그렇다고 해서 또, 일용할 양식이나 몸을 눕힐 곳은 아직 넉넉히 있으니, 가난뱅이라고 할 수도 없다.

그 재미 교포는 워낙 돈이 많고 또 많이 벌고 있다고 했으니, 자신이 내어 놓은 잣대로는 아마 부자가 아니라 수퍼 부자임이 틀림없을 것이다. 달리 생각해 보면, 그 잣대를 제시함으로써 자신은 도무지 의심할 수 없는 부자라는 것을 넌지시 말하고 싶고, 게다가 자신의 잣대에 비추어 나는 과연 부자인지 묻고 싶은 게 아닌가도 싶었다.

희한하게도, 기실 집도 은행 계좌에 남은 돈도 없어 그야말로 경제 수준이 바닥인데도 가난을 그리 느껴 본 적이 없다. 아니, 늘 부유한 삶을 살고 있다고 말하는 편이 옳다. 필요하다고 생각하는 것, 하고 싶어하는 것은 거의 무엇이든 하며 살아 왔고, 또 그리하면서 살 수 있다고 발칙하게 생각하기 때문이다. 그래서 내 의견을 피력했다. "지금이나 다가올 삶을 걱정하지 않는 사람이 부자다."

내가 미래를 걱정하지 않는 것은, 저축해 둔 돈이 있어서도 아니고, 무슨 적금을 들고 있기 때문도 아니다. 삶을 가장 생생하고 온전히 사는 방법이란, 삶을 하나의 탐험이요 모험으로 대하는 것이라 여기는 삶의 태도 때문이다. 스커더(Vida D. Scudder)는 이렇게 말했다. "삶이 탈은폐되는 것은 소유의 행위가 아니라 창조의 행위를 통해서다."

|

직업에서부터 사랑에 이르기까지, 인간의 존재 방식을 밑바닥에서부터 물들이는 불안 때문에 우리는 안전의 담보를 무엇보다 먼저 구하고, 〔사랑하는 사람을 소유하려는 욕심보다 더 어리석은 것이 있을까〕 그것을 위해 온 힘을 쏟는다. 그런데 완벽한 안전은 어떤 방도로도 불가능한 까닭에, 끊임없이 안전을 확보하려다 정작 삶을 살 기회를 놓친다. 그로써 삶이 펼쳐 내는 사소한 우연성으로부터 기적에까지 이르는, 그야말로 무지개 빛만큼이나 다양한 삶의 우발성과 잠재성을 흘려보낸다. 진정한 부자란, 삶의 내용을 풍부하게 경험하는 자가 아니라면 도대체 누구이겠는가?

|

한때 "부자 되세요!"라는 광고 문구가 유행했다. 그만큼 우리는 부자가 되는 것을 가장 부러워하는 사회에서 산다. 자본주의 사회에서 부자가 된다는 것은, 그야말로 최고 수준의 권력을 손에 쥐는 것에 버금가는 일이니, 그 욕망으로부터 자유롭다 누가 감히 말할 수 있겠는가? 그런데 부의 욕망은, 적어도 온전히 망가지기 전까지는, 자신의 경제 상황이 나빠질수록 희한하게도 더 강

해지는데, 그리하여 손에 남은 얼마 되지 않은 돈이나 심지어 빚낸 돈까지 필사적으로 로또 같은 대박 욕망에 투기하다가, 결국 돌이킬 수 없는 절망 끝에서 생을 끝내기도 한다. 참 안타까운 일이다.

|

그런데 왜 부자가 되려는 것일까? 부자의 삶을 살고 싶기 때문이 아닐까? 부자의 삶은 어떤 삶인가? 우리가 돈 많은 부자들을 부러워하는 것은, 그들은 정말 삶을 풍요롭게 살 것이라는 '근거 없는' 가정 때문이다. 자기가 하고 싶은 것을 위해 돈을 물 쓰듯 쓰는, 그런 삶은 분명히 풍요로운 삶일 것이라는 환상을 가지고서 말이다. 우리는 엄청난 부호들의 망가진 삶들을 적잖이 목격한다. 로또에 당첨된 자들 대부분이 파산에 이르게 되었다는 이야기들을 듣기도 한다. 전혀 엉뚱하게도, 빈자들의 넉넉한 삶을 가끔 엿듣거나 엿보기도 한다. 우리가 정작 눈길을 줘야 할 것은, 현실적인 부자들의 현실적인 삶이 아니라 풍요로운 삶을 누리는 자, 곧 삶의 부자가 되는 길이 아닌가 싶다.

|

물려 받은 유산도 없거나 변변찮고, 학벌이나 학연도 그리 대단치 않고, 사업을 벌일 만큼의 인간 관계도, 오지랖도 넓지 않은 상태에서 부자가 될 가능성은 현실적으로 무척 옅다. 게다가 그 아주 낮은 가능성을 위해 희생해야 할 귀중한 삶의 순간들을 가만히 놓고 보면, 실제로 부자가 되려고 애쓰기보다 각자의 처지에서 최대한 풍요로운 삶을 살 수 있는 길을 생각해 보는 것이 차라리

현명하겠다.

|

부자의 삶에 대해 현자들은 어떤 혜안을 우리에게 보여 주는가? 현자들은 대개 부자의 삶을 소유와 욕심의 함수로 풀어 낸다. 삶의 풍요로움=소유/욕심. 그러니까 부자의 삶을 살기 위해서는, 소유가 욕심에 비해 크든지 혹은 소유에 비해 욕심이 작아야 한다는 말이다. 소유를 마음껏 늘일 수 있는 능력은 어떤 이에게도 없지만, 욕심을 줄일 수 있는 가능성은 누구에게나 있으니, 부자의 삶을 살 수 있는 길은 우리에게 열린 셈이다. 욕심을 인식하는 것, 그리고 그것을 줄이는 실천의 힘이 필요하겠지만 말이다.

|

최소의 것에 만족하는 자가 부자다.
〔소크라테스(Socrates)〕

|

최고의 재산이란, 적은 것에 만족하는 삶이다.
〔루크레티우스(Lucretius)〕

|

부는 엄청난 소유가 아니라 아주 적게 원하는 데 있다.
〔에픽테토스(Epictetus)〕

|

가난한 자란 가진 것이 거의 없는 사람이 아니라, 더 많이 가지기를 욕심하는 자다.
〔세네카(Lucius Annaeus Seneca)〕

|

인간은 그가 내버려 둘 수 있는 사물들의 수에 비례해서 부자다.

〔**소로**(Henry David Thoreau)〕

|

만족의 비밀은 네가 가진 것을 향유하고, 네가 닿을 수 없는 것들에 대한 욕망을 잃을 수 있는 법을 아는 것이다.

〔**린위탕**임어당(Lin Yutang)〕

|

인간들을 자유롭고 고상하게 살아가지 못하게 하는 것은, 그 어떤 무엇보다도 소유의 집착이다.

〔**러셀** (Bertrand Russell)〕

|

적은 것으로 만족하기는 어렵고, 많은 것으로 만족하기는 불가능하다.

〔**에센바흐**(Marie E. Eschenbach)〕

|

지구는 모든 사람의 욕심이 아니라 필요를 채울 만큼 충분히 제공한다.

〔**간디**(Mahatma Gandhi)〕

謹弔

03

사랑할 수 있다는 것

누구를 사랑할 수 있는 것은, 더 할 수 없는 축복이다. 사랑을 할 수 있을 사람을 만나는 것이 이미 천운이니, 일평생 몇 번 없거나 아예 없을 수도 있으니, 그러할진대, 단순히, 귀한〔드문〕 것은 모두 귀〔고귀〕하기 때문이다.

세상을, 그리고 사람을 아직 잘 모를 나이를 넘어서, 이윽고, 세속에 대한 욕망과 생물적 욕망에 갇힐 나이를 지나 사랑을 할 수 있다는 것은, 아니, 내가 여기서 말하는 사랑이란, 세상의 영화에 대한 욕망과 엉킨 것도, 몸 욕망이 부르는 소리에 대한 응답도 아니니, 굳이 나이 구분을 할 게 없다만, 그래도 역시, 나이가 들면 적어도 육욕의 구속은 확실히 약해지니, 그쯤에 사랑을 할 수 있다는 것은, 분명 삶의 지복이 아닌가 싶다.

나는 그렇다. 희한하게도 세상 욕심은 평생 거의 모르고 살아 왔으나, 나이가 이쯤 들기 전에는, 이성 앞에서 늘 몸이 먼저 감질거렸다. 내 삶의 역사는, 모든 연애는 결국 몸을 겨냥하는 전주곡이라는 주장을 전적으로 뒷받침하는 강력한 증거다. 그러므로 새파란 청춘기에 겪은 크거나 작은 홍역들은 모두, 지금 이 글을 쓰며 냉철히 판단컨대, 감히 사랑이라 부를 것이 못된다. 그것들에 연관된 내 어떤 행위도 감히 사랑이라 부를 수 없다. 나에게 사랑은, 몸의 속박으로부터 자유로운 영혼에 귀속되는 것이니, 아니 좀 더 정확히 말해, 몸과 영혼이 어우러져 새로운 존재가 되고자 하는 갈망에 대한 응답이니, 철이 든 후에나 가능하다.

|

아, 몸과 영혼이 타는 갈증을 풀어 주는 사랑이란. 죽음을 감히 능가하려는 의욕을 불어 넣는 무섬증 없는 삶이란. 어떤 쾌락의 대상이 감히 견줄 수 있을까? 돈이 아무리 많든, 명예가 아무리 높든, 아무리 큰 권력을 쥐든, 사랑이 없는 삶은 잿빛이 아닌가? 햇빛 들지 않는 구름 낀 삶이 아닌가?

|

돌이켜보면, 내 삶은, 이성의 관계에서도 무척 어줍잖았다. 딱히 눈에 쏙 들지 않아도, 쉬운 먹이감이란 생각으로, 혹은 이상한 사명감 때문에, 혹은 긍휼함 탓으로, 이리저리 엮여 짧지 않은 시간과 적잖은 삶의 에너지를 낭비했다.

|

나이가 들고 들어, 청춘기에는 도무지 가늠조차 해 보지 않았던 나이에 어느덧 이르러, 홀연히 여생의 모든 날이

무겁고 귀중하게 다가와, 설령 외로움과 괴로움에 지쳐 죽을지언정 이제부터는 오로지 진실로 가치 있는 것들에만 혹은 삶의 본질에만 눈을, 마음을, 혼을 주고 살리라 거듭 다짐하며, 오직 내 자신의 이념에 들어맞는, 내 가슴에 정직한, 내 영혼에 옳게 부응하는, 그러한 언행 실천에 용맹 정진하려고 애쓴다.

|

그런데 누구를 사랑하는 일이란 얼마나 힘든 일인가? 세상의 중심이라 여기거나 착각하는 자신을 흔들어 내야 하니. 우리 자신을 우리 삶의 중심으로부터 옮겨 내지 않고서는, 제대로 사랑할 수 없으니. 이렇게 좋고 행복한 순간을, 이렇게 아름다운 대상을, 영구히 붙들어 두고자 하는 소유욕을 내어 놓아야 하니.

|

삶의 온 순간이, 그저 함께 있는 것만으로도 평화롭고 마음 따뜻한, 바로 그 사람의 부재와 싸우는 고통으로 차 있으니. 이기를, 사랑의 불균형을, 넘어서야 하니.

|

자신의 아집, 그리고 자신을 둘러싼 사회의 편견과 싸워야 하는 것이니.

|

결국은 끝나 버릴 사랑의 종점에 엄정히 기다리고 있을, 허무로 가득할 생의 쓸쓸한 빈터를 홀로 견뎌야 할 것을.

|

그리고 무엇보다도, 세상의 모든 사랑이란 손에 쥐면 한 줌 흙으로 변해 버릴 환상이라는 것을 알면서도, 그러면

서도 사랑을 하고 싶어 하고, 사랑하다 죽고 싶어 하고, 죽기까지 사랑하고 싶어 하고, 남겨진 생명을 온통 불사르고 싶어 하는 열정에 못이기는 이 힘겨움이란.

|

사랑하는 일은 결코 평화로운 일이 아니다. 사랑의 평화는 오직, 오랜 기다림과, 오랜 참음과, 오랜 희생과, 그러고도 더디 오는, 오랜 입맞춤과, 여름의 모든 열기와 가을의 모든 풍성한 추수와, 겨울의 긴 그림자가 종적을 감추고, 그러고도 한 참 후에 느릿느릿 오는, 오랜 기억들과, 낡아빠진 서랍 속에 몽당 연필처럼 기다리고 있는 것이니. 그러므로, 사랑은 차라리 전쟁이다.

|

그런데 사람으로 태어나, 이 장대한 전장에서 목숨 한 번 걸고, 전쟁 한 번 제대로 치르지 못하고 죽는다면, 얼마나 억울할까!

|

●

謹弔
민주주
꼭 만들겠습니다

04

친구 삼고 싶은 사람

몇 해 전 웹스터가 선정한 올해의 단어는 언프렌드(unfriend), 곧 프렌드 없애기다. 물론, 여기서 프렌드라는 말이 지칭하는 것은 진정한 친구가 아니라, 친구라는 낱말을 편의상 끌어 붙인 사이버 사회의 일원, 곧 소통하는 네티즌이다. 친구라 부르지만 실상 진짜 친구는 아닌 셈이다.

뭐, 사이버 세계에서만 그렇겠는가? 우리가 흔히 친구라 부르며 지내는 사람들도, 그들이 진짜 네 친구냐고 심각하게 물으면 머뭇거리거나 고개를 흔들게 되듯, 진정한 것은 모두 드문 법이지 않는가?

최근 나도 한 친구를 언프렌드 했다. 수십 년 알고 지낸 친구였는데, 그가 어느 날 전화를 했다. 늘 그렇듯 서로 잘 지내느냐는 안부 이야기로 대화의 문을 열고선, 나는 사나흘 아파 밥도 못 먹었는데, 이젠 좀 괜찮다고 했다.

그런데 그는 내 안부에는 아무런 반응도 하지 않은 채 자신의 용건 꺼내기에 급급했다. 이 일이 있은 후, 그가 전화를 했을 때 나는 문자로 그를 언프렌드시켰다. 참고로 나는, 상대의 단 한 번의 '수용 불가' 언행은 그냥 넘어간다. 내가 태도를 바꾸는 것은, 수용할 수 없는 언행이 되풀이 될 때다. 물론 그 친구는 그 전에도 그랬다. 같은 동네에 사는 그 친구는, 내가 갑자기 아파서 일주일 동안이나 꼼짝달싹 움직이지도 못한 채, 동물처럼 끙끙거리며 집에 갇혀 있었다고 했을 때도 전혀 반응하지 않았다. 그를 결정적으로 언프렌드하기로 결정한 것은, 그와 통화를 끝내며 'What are friends for?'라는 영어 문구가 떠오른 순간이었다.

|

아무리 살아 봐도, 참다운 친구만큼 귀중한 존재가 없는 것 같다. 특히 삶의 황혼 길을 홀로 밟아 가는 사람에겐 더 그런 것 같다. 좋은 친구 서너 명만 있으면, 사는 게 훨씬 덜 힘겹고, 덜 지루하고, 덜 외로울 거 같다. 부정적인 감정들의 침입을 넘어 든든하고 편안할 거 같다.

|

누가 그랬던지 기억이 분명치 않다. 진정한 친구란, 두 사람은 너무 많고 한 사람은 너무 적다고 말이다.

|

내가 서너 명이라고 감히 과욕(?)을 부린 것은, 아무리 절친한 친구라도, 그들 또한 때때로 각자의 삶(혹은 죽음)의 그물에 걸려 부재의 존재가 되기 때문이다. 외로움은 세상을 홀로 사는 자를 죽음으로 몰아가는 길이다.

그런데 나이가 들수록 친구 만들기가 어렵다. 어릴 적엔 같이 놀기만 하면 친구가 된 것 같은데, 아무하고든 같이 놀 수 있었던 것 같은데, 교실과 같은 한정된 공간을 공유할 때엔, 친구 몇몇이 늘 있었던 것 같은데, 정작 친구가 더 소중한 나이에 친구 삼기가 더 힘들다.

한 번은 문득 옛 친구들이 그리워 인터넷을 한참 뒤졌다. 30여 년 동안 못 보고 살았던 두 다른 옛 친구를 만나 시간을 함께 좀 보낸 적이 있는데, 내가 전혀 예상하지 않은 관계의 행로가 펼쳐졌다. 그동안 살아 온 길이 너무 다르고, 지금 살아 가고 있는 방식이 전혀 딴판이라 그런지, 각자의 소식을 주고받은 후엔, 공유할 얘깃거리들이 줄어들면서 대화가 뻔한 것들로 채워지고, 급기야 삶을 즐기는 방식이 달라, 〔삶의 관심사뿐 아니라, 즐겨 먹는 음식들도 흥겹게 노는 놀이들도 달랐다.〕 더는 좁히기 힘든 존재의 이질성의 거리가 생겨 연락을 하지 않게 되었다. 니체가 말했듯, 친구란 함께 즐거워할 수 있는 존재일 터이니 자연스러운 결과다. 굳이 사족을 달면, 각자는 이제 다른 언어로, 다른 감성으로, 다른 생각으로, 다른 세상을 사는, 그 때와는 전혀 다른 인간이 되어 버린 탓이다.

촛불 집회가 한창일 때, 모 대학에 보직을 맡고 있던 사십대 후반의 한 지인이 들려 준 이야기다. 동료 교수들과 자리를 같이하면 촛불 집회가 종종 화제로 등장하는데,

피차 공감할 수 없는 발언들 때문에 왕왕 싸움이 벌어진다는 것이다. 그래서 정치에 관해서는 노코멘트로 일관하는 것이 최선이라는 것이다. 촛불 집회든, 그것을 둘러싼 더 큰 맥락의 정치적 소견이든, 소신껏 발언하면 거의 싸우게 되는 상황이 발생하는 통에, 차라리 묵언하는 편이 그동안의 평화를 지키는 길이라는 것이다. 나도 가끔 친밀하다 여기는 사람과 정치에 대해 거리낌 없는 말을 나누다가, 촛불 집회 참가자들은 빨갱이니 사탄이니 하며 낙인찍는 순간, 경악하고, 심지어 외계인과 동석하는 느낌을 받은 적이 있어, 그의 말에 충분히 공감했다.

|

그 정도로 세상을 보는 눈이 다른 사람과는 〔내가 그러하니 그쪽도 당연히 그러하겠고〕 함께 즐거워할 수 없을 테고, 그래서 친구가 될 수 없을 것이다. 친구하고 싶은 사람을 내가 찾기 힘든 것은, 그만큼 내 삶의 태도나 가치가 보편성에서 멀어져 있다는 것을, 그리고 내 삶의 길이 그만큼 뚜렷하고 확실해졌다는 것을 반증한다. 그렇다면, 도대체 어떤 사람이 내 친구감일까?

|

관심은 비슷하지만, 관점이 좀 다른 사람이면 좋겠다. 관심이 어느 정도 중첩될 수 있다면, 나이나 성별이나 직업이나 이념이 오히려 가급적 많이 다르면 좋겠다. 이 진술의 전제는, 그러니까 그보다 앞서 중요한 것은, 관점의 차이를 존중할 뿐 아니라 나아가 즐길 수 있도록, 차이간의 소통이 가능해야 한다는 것이다. 소통이야말로 가장 절실한 필요 조건이다. 내 관심은 주로 인문학, 문

화, 예술이라 불리는 영역에 놓여 있는데, 국제든 국내든, 정치 또한 중요한 관심거리다. 촛불 집회 참가자들을 심지어 빨갱이나 사탄이라 불러도 좋지만, 그와 전혀 다른 입장에 서 있는 견해 또한 존중해서, 다른 관점을 인정하고 대화할 수 있어야 한다. 대화를 나눈다는 것은 생각을 '주고받는' 것, 그러니까 자신을 일방적으로 우기거나 설교할 의향을 버리고, 마치 탁구를 치듯, 서로의 의견에 기꺼이 반응하는 것을 말한다. 한 마디로, 대화의 놀이를 벌일 수 있는 사람이겠다. 자신과 다르다는 이유로 벌컥 성질을 내거나 냉소를 보내거나, 교화나 교육이나 전도의 대상으로 여기면 곤란하다는 말이다. 결론적으로 자신의 관점이 분명하면서도 타자에 대해 열려 있는 사람이겠다.

|

내가 친구하고 싶은 사람은, 그리고 마음이 따뜻하면 좋겠다. 곤란하거나 힘든 처지에 있는 사람을 기꺼이 돕고자 하는 마음을, 슬프거나 괴로운 사람과 감통하고 그를 위로하고자 하는 마음을, 평범한 일상에서 너무 이기적이지 않고 상대를 좀 배려하는 마음을, 그런 마음을 가지고 있으면 좋겠다. 나는 비폭력주의를 견지하니, 말이든 행동이든 폭력적이지 않으면 좋겠다.

|

욕심을 하나 더 보태면, 생각이 어느 정도 반듯하고 좀 의로우면 좋겠다. 약속〔특히 약속 시간〕은 꼭 지키면 좋겠고, 공적인 일에서 사람을 대하는 태도가 공정하면 좋겠다. 사회적 지위와 능력과 경제적 능력보다 인격을 우

선하면 좋겠다. 남을 〔특히 남 뒤에서〕 욕하고 조롱하고 놀리는 비겁한 사람이 아니라, 자신이 느끼는 바, 생각하는 바를 떳떳이 표현하는 사람이면 좋겠다. 또 습속이나 관습이 아니라 자신의 철저한 이성에 입각한 윤리를 지니면 좋겠다.

|

그런데 이렇게 쓰고 보니, 나는 내 친구감이 될 수 있을지, 되묻지 않을 수 없다. 나 자신이 내가 친구하고 싶은 사람이 되지 않고서야, 감히 어떻게 남을 내 친구로 삼고 싶다 말할 수 있겠는가. 졸지에 부끄럽고 민망하다.

|

나는 물욕도 명예욕도 권력욕도 별 없지만, 외로움을 종종 타서 그런지, 좋은 사람 두서너 명쯤은 가까이 두고 싶어 하는 욕심이 어느 순간 확 생겼다. 그래서 적극적으로 친구를 좀 발굴하리라 마음 먹고 주변을 둘러보고 있다. 물론 성별이며 나이며 직업이며 종교 등은 개의치 않는다. 그런데 모두에 썼듯이, 친구하고 싶은 사람이 쉽게 들어오지 않는다. 어렵게 눈에 들어와도, 만날 때마다 술집에 가야 해서 힘이 부친다. 나도 모르게 내 삶의 양식이 지나치게 개별적인가? 지나치게 좁은가? 혹은 그런 사람들이 세상에 정말 얼마 없는가? 혹은 널리 있는데, 내 눈이 어두운가? 그리고 이런 문제가 나에게만 있는가?

|

●

05

지겨움

지겨움이라는 말과 마주치면 늘 앙드레 김을 떠올린다. 하나는, 그가 언젠가 텔레비전에서 한 말 때문이고, 다른 하나는, 그가 한결같이 입고 다니던 하얀 옷들로 꽉 채운 그의 옷장 장면 때문이다. 텔레비전에 나온 앙드레 김은, 자신은 달력의 빨간 날들을 아주 싫어하는데, 그것은 직원들이 출근하지 않아 사무실에 홀로 있어야 하기 때문이라고 했다. 한 친구에게 달력의 빨간 날들이 싫다고 말한 적이 있는 나는, 그의 발언에 백 퍼센트 공감했다. 그의 흰옷 고집 혹은 집착(?)은, 나로서는 지겨움과 직결되지만 말이다. 하얀 남방과 검은 바지만 입는 사람을 두어 명 본 적이 있는데, 어떤 이유에서든, 한 옷만 고집하는 것은 내 취향과 한참 멀다. 넥타이를 매지 않은 양복의 이명박 대통령과, 정확히 꼭 같이 입은 그의 주변의 청와대 사람들을 텔레비전에서 볼 때에는, 무서움, 두려움, 혐오감 등 형언할 수 없는 감정을 느꼈다.

세계적인 팝 아티스트 앤디 워홀(Andy Warhol)은 캠벨 수프만 먹은 것으로도 유명한데, 그 독특한 식사 습관에 대해 쓴 글을 읽으면서, 사람이 아니라 기계 같아서 큰 이질감을 느꼈던 적이 있다. 그런데 언젠가 한번은, 내가 바로 그와 같은 식습관을 지녔다는 것을 문득 깨달으며, 혼자 피식 쓴 웃음을 지었다. 아침과 점심에 늘 같은 음식을 먹어 오면서도 지겹지 않은 것이 문득 신기했는데, 그것은 아마도, 그 식습관이 내가 처한 상황에서 선택할 수 있는 최선이라고 자신하기 때문인 듯싶다.

|

혼자 있는 시간이 많은 나는 종종 지겹다. 지겨움이 싫어, 괜찮은 영화 파일들은 보고 나서도 버리지 않고 모아 두는 버릇이 있는데, 다시 찾아 보는 경우는 거의 없다. 배고픈 사람이, 남은 음식들을 버리지 못하는 것과 비슷한 이치다. 지겨울 때에는 누군가에게 말을 걸고도 싶지만, 그럴 때마다 전화기에 저장된 목록들을 처음부터 끝까지 훑어 보고 만다. 지겨움에 지칠 때에는 잠자리로 피신하기도 한다.

|

나만 지겨움을 느끼겠는가? 사람마다 환경이나 성격이나 여타 변수에 따라 강도나 빈도가 다르겠지만, 지겨울 때 없는 사람이 어디 있겠는가? 동물들은 심지어 유인원마저, 지겨움을 느낄 수 없다 하니, 지겨움은 인간됨의 본질적 조건 중의 하나가 아닌가 싶다. 지겨움이라는 영어 낱말이 18세기 중반 곧 현대가 시작되며 생겼다 하니, 그것은 현대인에 들러붙은 실존의 한 방식인 것이 분

명하다.

|

나는, 아니 우리는, 왜 지겨울까? 뻔한 이야기를 거듭 들을 때, 관심이 없거나 새롭지 않은 말을 일방적으로 들어야 할 때, 익히 아는 사건이나 현상이 반복될 때, 무엇인가 무작정 기다리거나 혼자 머무는 시간이 길 때, 이럴 때 어김없이 지겨운데, 그것은, 지적이든 감성적이든, 일정 기간 자극이 결핍되기 때문이다. 의미를 부여할 수 없는 상황에서도 지겨움을 느낀다. 친구의 수다가, 내 삶의 의미와 유리된다고 느낄 때 지겹다. 심지어 섹스도, 어느 순간 무의미한 동작의 반복이라는 인식이 들면 지겨워진다. 의미를 찾을 수 없는 것들은 한 순간 지겨움으로 바뀐다. 지겨움은 그렇게, 자극이나 의미가 결핍될 때 발생한다. 지겨움의 정도는 자극적인 것에 반비례하고 무의미에 비례한다고 할 수 있다. 지겹다는 것은 그만큼 자극적인 것에 약하다는 것을, 그만큼 무의미한 것을 참지 못하다는 것을 반증하는 셈이다. 지겨움의 문제는, 자극적인 것에 견디는 힘을 키우고 일상의 삶을 의미로 채우는 문제와 직결된다 하겠다.

|

지겨움이라는 영어 낱말이 현대가 시작될 즈음 생겨났다는 사실은, 다음을 시사한다. 곧 지겨움의 사태는, 딱히 내 개인의 문제를 넘어, 우리가 살아가는 현대라는 삶의 조건 곧 시대 상황과 연관되어 있다는 것을 말이다.

|

현대는 어떤 시대인가? 무엇보다도, 새로움이라는 것

이 처음으로 본격적인 가치를 얻기 시작한 시대이자, 일상의 전체적 삶을 몰아가기 시작한 시대다. 본질적으로 자극적인 시대인 것이다. 현대는 새로움을 일용한 양식으로 삼는다. 새롭지 않은 것은 현대의 밥상에서 모두 퇴출된다. 새로움이 일상이 된 시대. 그런데 일상은, 일상적인 것은 그 자체가 이미 새로울 수 없는 상태다. 이 어불성설. 언어도단. 자가당착. 게다가 새로움을 일상적으로 사는 현대인이 그 이전의 사람들에 비해 딱히 더 독창적이라고 말할 수도 없다.

|

해서, 이 희한한 모순 구조의 틈 사이로 트릭이 비집고 들어선다. 소위 패션의 마술이다. 패션이란 실상 속은 같은데 겉이 다르게 보이는 것들의 이름이다. 그것의 의미는 오직 겉에 있을 뿐이다. 패션의 세계에는 끊임없이 한물 지난 것들이 복귀한다. 옛것이 소위 레트로 곧 복고풍이라는 미명으로 새것인 양 출몰한다. 그 놈이 그 놈인데 화장을 거듭거듭 고쳐 새로운 놈으로 출현한다. 패션은 놀라운 화장술의 다른 이름이다.

|

현대를 사는 우리는 목하 화장빨의 마술에 걸린 채 살고 있다. 모든 것은 실재보다 훨씬 더 부풀려 있고, 훨씬 더 매력적이고 자극적이다. 광고가 그렇고, 장사치의 음식이 그렇고, 브랜드가 그렇다. 도시의 건물들도 좀 봐달라고 아우성이다. 사람도 예외가 아니다. 이미지로 보는 탤런트의 〔인조 인간이 아니라〕 자연 인간 시절 모습을 보면, 도무지 메울 수 없는 엄청난 차이 때문에 속았

다는 느낌을 넘어 괴기한 느낌마저 든다. 〔화장하지 않은 레이디 가가의 일상의 모습은 도무지 믿을 수 없을 정도다.〕 개인 홈페이지도 허영과 허상으로 가득하다. 뻥튀기기와 성형과 이름도 모를 각종 첨가물들과 왜곡과 과장이 우리 일상의 풍경이다. 실재보다 현상이, 사용 가치보다 교환 가치가, 진심보다 겉모습이, 행동보다 말이 판친다.

|

우리가 지겹다면, 그리고 그 지겨움이 참을 수 없는 지경에 이르렀다면, 우리는 그만큼 화장빨에 부지불식간에 중독되었고, 그래서 그에 대한 우리의 저항력이 그만큼 약해졌다는 말이다. 그러니, 지겨움을 탈출하는 길은, 한 편으로는 자극적인 것들을 좀 걷어 내고, 다른 한 편으로는 지겨움을 지긋이 좀 참아 내는, 의식적인 실천의 반복에 있지 않을까?

|

그런데 우리 삶의 무의미는 어찌해야 하는가? 의미 있는 삶이란 도대체 어떤 것인가? 좀 더 본질적으로 묻자면, 의미는 무엇인가? 내 생각에 의미란, 우리가 만든 가치 체계라는 그물을 삶이라는 바다에 던져 건져 내는 것들의 이름이다. 어떤 이는 종교, 어떤 이는 진리, 어떤 이는 예술이라는 가치로 체계를 엮는다. 대부분의 사람들은 또한 가족이라는 가치 체계를 꿈꾸며 엮어 나간다. 어떤 이는 우정을, 또 어떤 이는 의리를 망으로 엮는다. 그리고 적지 않은 사람들은 사랑을 최고의 그물로 생각한다. 이렇게 말해 놓고 보니, 삶의 바다에 던질 가치 체계

그물 하나쯤 손에 쥐고 있지 않은 사람이 없는 것 같다. 그런데도 우리가 삶에서 의미를 건져 내지 못한다면, 그래서 우리의 삶이 무의미하다면, 그것은 그물이 잘못되었거나, 그물을 잘못 던졌거나, 혹은 좀 더 급진적으로 삶의 바다에는 건져 낼 것이 아무것도 없기 때문일지 모른다.

|

나는 삶의 바다에는 본디 아무것도 없다고 생각하는 편이다. 그래서 자신들의 가치 체계를 열정적으로 설교하는 사람들을 회의적으로 본다. 그렇다고 해서 모든 가치 체계를 부정하는 허무주의자는 아니다. 어떤 그물로든, 삶의 바다에 열심히 던지며 사는 사람을 존경하고 부러워한다. 진실로 말하건대, 그렇게 나도 삶을 열정적으로 살고 싶다. 다만, 그물을 던지는 삶의 목적이 수확물에 있지 않다는 생각일 뿐이다. 그물은 삶을 의미 있게 살 수 있게 하는 방편이라고 생각한다는 말이다. 삶의 바다가, 우리가 도무지 어찌해 볼 수 있을 대상이 아니라면, 삶의 의미의 몫은, 각자 어떤 그물을 어떻게 엮느냐에 달렸을 것이다. 혹, 각자의 그물로 어떤 의미를 건져 낸다면, 그야말로 삶의 축복이지 않겠는가?

|

●

06

성공적인 삶

"선생님, 위대한 건축가가 되는 길이 무엇입니까?" 제자 중에 '대한민국 대표 건축가'라는 표어를 핸드폰 바탕 화면으로 해 둔 이가 있었는데, 그가 내 연구실에서 던진 질문이다. 삶의 방식에 큰 깨우침을 주는 아포리즘에 특히 관심을 두고 있던 학생이었다. 이름을 조용히 부르자, 정좌를 취하고 나에게 집중했다. 내 입술에서 떨어지는 모든 말을 금과옥조로 받아들일 태세였다. 나는 그가 전혀 기대하지 않았을 말을 툭 던졌다. "위대한 건축가가 되려면 말이야, 우선 네가 살아가는 네 삶의 현장에서 좋은 존재가 되어야 해. 좋은 학생이, 좋은 아들이, 좋은 아빠가, 좋은 친구가 되어야 한다는 말이야."

성공적인 삶이란 무엇일까? 그리고 그것을 어떻게 가늠할 수 있을까?

성공이란 '목적하는 바를 이룬다'는 것을 뜻하는 말인

데, 이 뜻 때문에 나는 졸지에 예상치 못한 복병을 만났다. 내가 생각하기에 삶에는 목적이 없기 때문이다. 삶의 목적에 대한 논술은 다음에 본격적으로 다루기로 하고, 우선 삶이라는 말의 뜻부터 살펴보자. '삶을 산다'는 것은 동사, 그 중에서도 능동형 동사에 속한다. '삶이 살아진다'는 표현은 따라서 성립할 수 없다. 꼼짝달싹 안 한 채 아무것도 하지 않는 상태는, '살아 있다'는 형용사 형태로 표현할 수는 있지만, '살아 간다'고 말할 수는 없다. '살아 있다'는 모종의 삶을 살고 있는 것이 아니라, 죽지 않은 상태를 뜻할 따름이다. 심지어 온종일 아무것도 안 한 채 식물 인간처럼 사는 사람도, 기실 식물처럼 살기를 택해서 그렇게 살아 가는, 그러니까 다른 활동을 거부하는 '능동적인' 삶의 영위자라 할 수 있다. 마치 투표의 거부가 하나의 적극적인 정치 표현이듯 말이다.

|

삶은 근본적으로 능동적 행위라는 점을 카뮈(Albert Camus)는 이렇게 표현했다. "나는 반항한다, 고로 존재한다." 무릇 생명을 영위하는 자, 곧 살아 가는 자는 모종의 생명 활동을 할 수밖에 없는데, 그것이 곧 반항이라는 말이다. 거꾸로 말하면, 반항하는 자가 살아 가는 자라는 말, 곧 반항하지 않는 자는 [생물학적으로는] 살아는 있으되, [사회적으로] 살아 가는 존재가 아니라는 말이다.

|

사는 것이 능동적인 행위라는 것은, 생명의 정의에서도 확연히 나타난다. 물론 생명이라는 낱말은 사랑, 예술,

건축 등이 다 그러하듯, 엄밀히 규정하기 힘들다. 혹은 규정할 수 없다. 그런데도 생명의 본질을 가장 근본적으로 표시하는 것은 '자기 조직 능력'인데, 그것은 자신의 주변을 둘러싸고 있는 환경과 거래하는 과정〔이 과정이 결핍되면 죽음에 이른다.〕으로서, 일차적으로는 생명을 유지하고, 이차적으로는 생명을 확장하기 위해 자기 자신을 끊임없이 다시 조직하는 활동이다. 생명의 활동은 그 자체가 이미 능동적이라는 말이다.

|

주제로 돌아가서, 성공적인 삶이 무엇을 이루어 내는 삶이라고 한다면, 거기에는 그 무엇을 이루어 낼 수 있을 힘과 환경이 필요하다. 힘이 의지의 문제, 그래서 주관적인 요소라고 한다면, 환경은 의지를 관철하는 데 필요한 조건 곧 객관적인 요소라 할 수 있다. 돈일 수도 있겠고, 시간일 수도 있겠고, 지식일 수도 있겠고, 재능일 수도 있겠다. 이 모든 것을 필요한 만큼 다 갖추고 있다면야, 성공적인 삶의 문제가 오직 의지에 귀속되겠지만, 어쩌면 이미 성공적인 삶을 살고 있다고 해야 옳겠지만, 이런 식의 삶은 설령 극소수는 가능할지언정 대다수의 사람들과 무관하다.

|

그러면 도대체 어떤 것이 성공적인 삶을 사는 데 가장 근본적인가? 혹은 필수적인가? 살아 가는 것이 능동의 행위라면, 능동의 조건이야말로 바로 그것이라 할 수 있지 않을까? 그렇다면 무엇이 능동의 조건인가? 일단 건강은 영순위라 할 수 있으니 건너뛰고, 내 맘대로 할 수 있

을 시간이 일차적이다.

|

하이데거(Martin Heidegger) 왈, 존재는 곧 시간(성)이라 했으니〔생명은 곧 시간이니〕, 문제의 핵심은, 내가 원하는 방식으로 쓸 수 있는 시간이 얼마냐에 있을 것이다. 하루 스무네 시간 중, 우리가 진정 원하는 무언가를 하거나 이루기 위해 쓸 수 있는 시간이 얼마나 될까? 삶의 시간을 세 덩어리로 나누어 보자. 첫째, 잠자고, 청소하고, 식사하고, 청소하는, 곧 일상을 살기 위해 써야 하는 생존 시간. 둘째, 순전히 먹고 살기 위해 돈을 벌기 위해 써야 하는 노동 시간, 그리고 마지막으로, 노동하기 위해 휴식하는 시간이 아니라〔이 또한 엄밀히 말해 노동 시간이라 부르는 게 옳다.〕 진실로 내가 하고 싶은 일을 하기 위해 쓰는 나만의 여유 시간.

|

여기서 우리의 관심은 여유 시간과 노동 시간 간의 비례인데, 『뉴스위크』지는 성공적인 삶의 객관적 지표로서 그 비례를 1 이상으로 제시한 적이 있다. 활동하는 시간의 반 이상을 내 맘대로 쓸 수 있는 상태가 성공적인 삶이라는 말이다. 이것은 곧, 삶의 무게 중심이 내 손에 있다는 말인데, 이 지표는 내 것이 남의 것보다 물량적으로 많다는 객관적 수치에 근거한다.

|

상당한 설득력을 지닌 듯한 『뉴스위크』지의 그 지표에 따르면, 성공적인 삶을 살고 있거나 그럴 수 있을 사람이 우리 나라에는 거의 없다. 직장 근로자와 하루 대여섯 시

간 이상 일하는 자영업자가 제외되기 때문이다. 따라서 『뉴스위크』지의 지표에 걸맞는 성공적인 삶을 살기 위해서는, 사는 방법을 근본적으로 바꾸지 않을 수 없다. 노동 시간이 적지만 먹고 살 만한 돈을 벌 수 있을 고수익 프리랜스가 되거나, 일하는 시간을 줄여도 사업체를 운영할 수 있는 자영업자 혹은 고용주가 되거나, 그렇지 않으면 철학자 디오게네스처럼 거지나 노숙자처럼 살아야 그것이 가능하다. 어느 하나 만만치 않다.

그런데 인간의 특성은 수〔물량〕로 가늠할 수 없는 데 있지 않을까? 일단 이 명제를 전제하고, 다시 문제를 풀어보자. 성공적인 삶은 무언가를 이루어 낸 삶이라 했으니, 이루어 낼 무언가가 반드시 필요하다. 나는 무엇을 이루고 싶은가? 그 무엇은 돈일 수도, 명예일 수도, 권력일 수도, 위대한 작품의 완성일 수도, 나만의 가족을 돌보는 일일 수도, 사랑일 수도, 혹은 구원일 수도, 혹은 이 몇몇이거나 전체일 수 있겠다. 그보다 더 작은 것들, 예컨대 학위, 면허증, 근사한 자동차, 나만의 사업체 등도 그렇다 할 수 있겠다.

그런데 이것(들)을 이룬 삶은 성공적인 삶이라 말할 수 있을까? 그리고 한 번 이룬 것(들)은, 다시 잃거나 그보다 더 큰 목적 앞에서 빛을 바래거나 하지 않고, 그로써 종결되는 걸까? 이 물음에 누구도 '분명 그러하다'고 말할 수 없을 터인데, 그 이유는 바로 성공적이라는 말의 성격에 있다. 성공적이라는 말은, 마치 창조적이라는 말처럼 게임이 종료된 후 비로소 판단할 수 있는, ['창조적이고 있다'라는 표현은 성립할 수 없다. 어떤 과정은 그것이 설령 창조적이었다손 치더라도, 결과에 따라 최종적으로 판단되기 때문이다.] 말하자면 결과(물)에만 적용할 수 있는 말로서, 성공적인 삶은 결국 삶이 종료될 때 가늠할 수 있기 때문이다.

|

사태가 이러하니, 여기서는 성공적인 삶을, '자신이 이루고자 하는 바에 접근해 가는 삶' 곧 '목적 지향의 삶'이라 부르는 게 타당하겠다. 그렇다면 성공적인 삶이란, 우리가 설정한 목적을 이룰 수 있는 방식으로 살아 가는 그런 삶이지 않겠는가? 우리가 직장에서 일을 하는 것이, 다만 밥벌이를 위한 것이 아니라, 그로써 내가 소망하는 모종의 무엇을 이루기 위한 방편이라면, 성공적인 삶이라 부를 수 있지 않겠는가? 내가 종일 농사를 짓는 것이, 내가 믿는 어떤 가치를 실천하거나 실현하는 노동이라면, 그것이야말로 바로 성공적인 삶을 살아 나가고 있다고 할 수 있지 않겠는가?

|

자신이 이루고 싶은 바를 이루기 위해서는, 자신만의 여유 시간이 당연히 중요하다. 그것은 많을수록 좋다. 그러나 자기 시간을 늘리면 그만큼 생활이 어려워진다. 생활의 수준을 높이 잡으면 자기 시간이 줄어든다. 일종의 주고받기인 셈인데, 가장 이상적인 것은, 자기 시간을 늘려도 생활이 어려워지지 않거나, 그와 더불어 더 좋아지는 삶의 방식일 것이다. 이것은 자신이 하는 노동이,

바로 자신이 이루고자 하는 길에 딱 맞아떨어지는, 그야말로 누이 좋고 매부 좋은 '윈윈'의 삶이다. 삶을 지혜롭게 설계하고 그 설계를 용기 있게 실행에 옮기는, 이미 성공적인 삶을 살아 가고 있는 사람에게서 볼 수 있는 멋진 삶이다.

|

척박한 미시시피 땅에서, 경제적으로 무능한 열여덟의 미혼모에게서 태어나, 성 학대를 포함해 문제투성이의 십대를 보낸 오프라 윈프리(Oprah G. Winfrey)가 그 중 한 사람인데, 그녀는 '오프라 윈프리 쇼'를 25년간 하루도 쉬지 않고 끌어 왔다고 말했다. 〔에너지를 항상 완전히 소진한다고 했다.〕 그러고선 또 다른 가치를 위해 자신의 케이블 방송을 시작하며 바바라 월터스(Barbara Walters)와 인터뷰를 가졌는데, 거기서 그녀는, 돈을 염두에 두고 일해 본 적이 결코 없다고 했다.

|

우리는 오프라가 아니니, 게다가 설령 그녀의 삶의 행적과 방식을 따라한들 그녀의 삶의 성공을 얻을 수 있다고 장담할 수 없으니, 우리 자신으로 되돌아올 수밖에 없다. 결국 사람은 모두 자신의 환경과 능력과 재능이 다르니, 성공적인 삶을 살기 위해 필요한 것은, 자신의 한계를 때때로 인식하는 것, 〔그리고 그 한계를 넓히려고 늘 애쓰는 것〕 그 한계 안에서 실현 가능한 꿈을 꾸는 것, 그 꿈을 실현하기 위해 자신의 현실을 지혜롭게 설계하는 것, 〔때때로 설계도를 검토하며 수정하는 것〕 그러고선 그 설계도를 꾸준히 실천에 옮겨 나가는 것이 아니겠

는가?

이렇게 놓고 보니, 무엇을 이루어 내기 위해 사는 삶이 참 도구적이라는, 그래서 비인간적이라는 생각이 든다. 우리가 이루고자 하는 그 무엇은 과연, 지금 이 순간의 삶을 희생하거나 헌신할 만한 가치가 있는 것일까?

07

amor vincit omnia : 사랑은 모든 것을 정복한다

나 사랑해? 응. 얼마나 사랑해? 죽을 만큼. 정말? 응. 너를 위해서라면, 내 목숨도 기꺼이 바칠 거야. 여느 연인 사이에서나 나올 법한 대화다.

과연 그럴까? 실제 상황이 닥치면 과연 목숨을 내어 놓을까? 나는, 그렇게 하지 않을 가능성이 훨씬 높다고 생각한다. 사람의 마음은, 리트머스 종이처럼 딱 시험해서 그 결과를 정확히 알 수 있는 것이 아니니까 말이다. 열 길 물 속은 알아도 한 길 사람 속은 알 수 없다 하지 않는가? 또한 사람의 말이란 본질적으로, 자신이 유리하도록, 좋아 보이도록, 정당하도록 하려는 욕망에서 결코 자유롭지 못하고, 그러므로 정도의 차이만 있을 뿐, 가식과 거짓과 계략과 허식 등이 개입하기 때문이다.

그래서 특히 사랑이나 신실성 등과 같은, 사람의 속에 관한 말은 믿지 않는다. 차라리 행동을 믿는다. 그(녀)가 지금껏 나에게 해 온, 그리고 지금 하고 있는 행동들로써 참의 여부를 판단한다. 그(녀)가 나를 사랑하는지 혹은 그렇지 않은지에 대해서는, 그(녀)의 행동들만큼 분명히 그리고 정확하게 말해 주는 것이 없다고 믿는다. 그(녀)가 나를 얼마나 사랑하는지도 그렇다. 그(녀)의 행동들이 따뜻하지 않은 채 그(녀)가 하는 사랑 고백은 거짓이다. 혹은 병적이다. 사랑하는 사람을 때리고서, 미안하다고 사랑한다고 말하고, 그리고 또 때리는 〔그러고 나서 또 미안하다고, 사랑한다고 말하는〕 것은 습관화된 병적인 폭력에 지나지 않는다.

|

그(녀)가 나를 얼마나 사랑하는지 궁금한가? 그(녀)가 나를 얼마나 따뜻하게 대해 왔는지, 대하고 있는지에 주목하라. 그(녀)가 나를 위해 목숨을 바친다고 했던가? 그(녀)가 나를 위해 무엇을 아끼고 무엇을 아끼지 않는지 보라.

|

미안하다고 말하는 사람에게 나는 늘 주문한다. 미안하거든, 미안한 짓을 하지 않도록 애쓰라. 미안하다 말하고서 그와 같은 행동을 반복하는 것은, 말이 신실하지 않다는 증거다. 진정한 고마움이 오만할 수 없듯, 진정한 미안함이 불성실할 수 없듯, 진정한 사랑은 따뜻할 수밖에 없다.

|

그런데 왜 사람들은 사랑을 확인하려 드는가? 왜 굳이

입에서 나오는 말을 듣고 싶어 하는가?

|

혹 그(녀)의 행동들이 불분명하거나 모순되어 일관성을 결여하고 있다면, 혹은 그(녀)의 행동들은 분명한데, 그렇다고 말한 적이 없다면, 언어에 기대는 것이 별 이상하지 않다. 자연스러운 발로다. 그게 아니라면, 뭔가 다른 감정과 욕망이 감질거리고 있는 것이 틀림없다. 그것이 도대체 무엇일까?

|

불안이 먼저 떠오른다. 불안한 마음은 분명히 확실한 사실마저, 재차 확인하고 싶기 때문이다. 사랑의 불안이 말로써 해소될까? 말로써 해소되지 않는다는 사실은, 묻고 또 묻는 반복의 현상이 이미 보여 준다. 불안할 때마다 묻고, 그 때마다 말로써 확인하면, 아마 처음 얼마간은, 그리고 그 때 잠시는, 불안이 사라질 수 있을지 모르겠다. 무엇이든 반복되면, 그래서 습관이 되면, 알맹이가 사라지기 마련이다. 느낌의 강도도 떨어지기 마련이다.

|

불안을 야기하는 의심이라는 놈은, 일단 마음 한구석에 자리를 잡으면 커지기만 하는 희한한 짐승이다. 더 나쁜 것은, 의심의 종착역에서 의심이 사실로 판명 나면, 그 때문에 자신의 마음에 불신이라는 결코 메울 수 없는 틈이 자리 잡고, 그 반대로 의심이 사실이 아닌 것으로 판명 나면, 의심을 풀기 위해 벌인 강박적인 행동들 때문에 의심을 받은 자에게 돌이킬 수 없는 상처를 남기게 되니,

두 사람 사이가 나빠지는 결과만 초래한다는 것이다.

|

불안이 아니라면, 사랑의 〔다른 방식의〕 요구일 수 있다. 사랑이 부족하다는, 그래서 더 사랑해 달라는 요구 말이다. 그런데 요구하고 그 요구에 응하는 행위는, 자칫 거래 〔혹은 책무〕의 일종으로 변해 사랑의 중심으로부터 비껴나〔사랑은 자발성과 내발성이 특성이기 때문이다.〕, 다른 문제를 키울 공산이 크다.

|

마지막으로, 사랑을 묻고, 그리고 확인하고 또 확인하는 것이, 사랑이라는 이름의 가장 힘든 놀이의 한 방식일 수도 있다. 사랑하며 살아가는 많은 방식 중의 하나, 그러니까 그 자체가 이미 사랑의 한 행위일 수 있다. 혹 그렇다면, 그것이 사랑의 행위이니, 사랑하는 사람이 사랑을 느끼도록 해야 마땅치 않을까? 〔짜증이나, 난감함이나, 억지의 기분이 아니라 말이다.〕 사랑은 근본적으로, 사랑하는 대상의 행복이 내 언행의 중심이 되어야 마땅한 것이니, 나의 언사와 행위로써 그가 행복감을 느껴야 마땅하지 않을까? 〔나는 정작 그의 언사로써 짜증과 불쾌감만 느꼈고, 지금도 그러한데, 그는 정작 나를 정말 사랑한다고 말하는 그런 끔찍한 경험은 생각지도 말자.〕

|

사랑 안에 거하는 자들이여, 사랑이 떠나가는 것을 불안해 말라. 불안은 머물고 있는 사랑마저 충분히 사랑할 수 없게 할 뿐 아니라, 그 때문에 그 사랑을 떠나게 할 수 있

는 것이기도 하니, 사랑의 흐름에 그저 몸을 맡기라. 지금 여기 있는 사랑을 감사히 여기고 열심히 사랑하라. 그러다 떠나는 사랑은 본디 내 것이 아니니, 설령 아픔이 내 몸보다 크더라도, 그저 그렇게 두라. 사랑은 소유할 수 없고, 내가 도리어 거기에 소유되는 것이니, 그 안에 있을 때 충분히 젖어들어 마음껏 향유하라. 그것이 어느덧 사라지고 홀로 남을 때, 사랑할 수 있을 때 충분히 사랑했으니, 그 때는 그래서 행복했으니, 지금은 그렇게 열심히 산 덕으로 행복할 것이라 믿어라. 사랑의 적은, 미움이 아니라 덜 사랑하는 것이지 않은가?

|

그(녀)가 나를 사랑하는지 궁금한가? 한 가지만 기억하라. 사랑이라는 나무는 믿음의 땅에 뿌리를 내려 소망의 물을 먹고 자란다는 사실을.

|

●

08

사랑의 모순

사랑한다는 것은 참 모순된 일이다. 사랑은 모든 방어를 내려 놓고, 그저 자신을 내어 주는 일인데, 자신을 내어 주면 자신이 사라지는 일인데, 자신이 사라지는 일을 자신이 기꺼이 하겠다고 하니 말이다.

사랑은 그(녀)를 내 삶의 중심에 놓는 일인데, 그래서 그(녀)를 위해서는, 내가 아니라, 나보다 더 나은 이가 그에게 있어야 마땅한데, 결점 많은 내가 감히 그(녀)의 곁에 있으려 하니 말이다.

사랑은 소유가 아니니 내 에고와 자존심을 내려 놓아야 하는데, 나 자신과 싸우고, 내 에고를 지탱하는 내 주변의 시선들과 싸우는, 거의 불가능한 고통을 견뎌야 하는 일인데, 그 힘든 사랑을 선뜻 하려 하니 말이다.

아니 이 모든 것보다 더 모순된 것은, 사랑이 도대체 무엇인지, 내가 생각하는 사랑이 진실로 사랑인지, 어떻게 하는 것이 옳은 사랑인지, 내가 사랑할 능력은 있는지, 사랑하는 법은 알고 있는지, 사랑의 책임은 무엇인지, 사랑의 끝은 무엇인지, 왜 사랑해야 하는지, 이 질문들에 아무런 답도 갖지 않은 채, 덜컥 사랑해 버리려는, 그래서 덜렁 사랑하는 일이다. 그것도, 사랑의 소유욕을 버린 후에도 사랑의 욕망이 존속할지 전혀 알지 못한 채 말이다.

09

가족이라는 이름의 허상

추석이 며칠 남지 않았다. 명절이 되면 묘한 감정이 피어난다. 명절은 가족을 떼어 놓고 생각할 수 없으니 말이다. 추석 공휴일은 가족들로 그 빈 날을 채우는 날이니, 가족 없는 명절은, 그저 공휴일일 뿐이라는 말 그대로, 일하지 않는 텅 빈 시간, 텅 빈 공간에 별안간 홀로 처하는 날이다. 바깥은 요란한 것 같은데, 홀로 텅 빈 세상에 머물고 있는 이상한 느낌으로 말이다. 나에게 가족은 있지만 가족의 연대감〔사랑〕이 별 없다. 추석 기간엔, 말 한 마디 할 상황이 없는 묵언 정진 중의 스님 처지다.

아버님은 제법 오래 전에 돌아가셨고, 그리 그립지 않다. 생전에 사랑 받은 기억이 거의 없기 때문이다. 자식을 사랑하지 않아서가 아니라, 당신의 방식으로 하셨을 사랑이 불통이었기 때문이다. 늘 말씀도 없으셨고 무엇을 함께 하신 적도 없으셨는데, 유일하게 남아 있는 기억은, 당신과 나만 집에 있을 때, 마치 그것이 당신의 의무인 양, 남아 있던 밥과 반찬을 몇 번 챙겨 주신 것뿐이다. 어머님은 멀리 떨어져 살고 계신데, 이제 전화로는 의사소통이 어렵다. 의사 소통이 가능할 때도 늘 일방적인 나무람과 권면이었으니 대화라 할 수 없다. 당신은 당신이 원하시는 바의 삶〔특히 특정한 방식의 종교 생활〕을 자식이 살기를 너무나 강력히 바라시는데, 자식은 자신의 독자적인 삶을 살려고 결코 말을 듣지 않아서 그렇다.

|

그리고 나는 오형제〔삼남 이녀〕 중 막내다. 가장 위에 큰누님, 그 밑에 두 형님, 그 다음에 작은 누님이 있다. 나이 차이가 가장 많은 큰 누님과 한 살 터울배기 작은 누님은 유년부터 성인에 이르기까지 함께 산 기억이 거의 없다. 상호 작용이 거의 없었던 탓에 살가움이 형성되지 않았다. 그나마 상호 작용이 가장 컸던 큰 형님은 엄해서, 어느 정도 함께 삶을 공유한 작은 형님은 얄미워서, 형제애가 형성되지 않았다. | 큰 형님은 먼저 안부를 묻는 법이 없다. 내가 전화하지 않으면 아마 죽을 때까지 침묵하실 분이다. 〔큰 형님은 분명히 거꾸로 생각할 것이다.〕 명절날의 큰 형님의 기억은 딱 하나다. 분가해서 떨어져 살고부터는 명절 때만 일 년에 한두 번 보며 산 상황인데, 그렇게 오래간만에 만나면 꾸지람 일색이었다. 한참을 침묵하시다 마침내 때가 되면, 이야기를 좀 하자며 구석으로 불러내신다. 심각한 얼굴로 담배를 꺼내 물으시며 그동안 적적했던 이유를 나무라고 캐묻는다. 오랫동안 적적하다 전화를 하는 경우도 다르지 않다. 말문을 실망

과 나무람으로 여신다. 〔형에게서 따뜻함을 못 느끼는 동생은 또 말 걸기를 꺼려해서, 먼저 말을 걸지 않는 악순환이 연속된다.〕 그러곤 대화가 중단된다. 오래간만인데 어찌 살고 있는지 반갑게 소식을 묻는 법이 없다. 잘 살고는 있는지 염려하시는 법이 없다. 늘 실망과 나무람이었다. | 작은 형님은 아주 가끔 뜬금 없는 전화로 엉뚱한 말을 늘어 놓기 일쑤였다. 그것이 당신 방식의 사랑인지, 혹은 형님으로서의 의무 행위인지 모르겠지만, 나에겐 기분 좋은 기억들이 없다. 아버님의 상을 치른 후 모인 형제들의 자리에서도, 남은 돈 처리 문제로 화를 내었다. 모두 어머님께 드리자는 제언에 맞서, 당신이 좀 가져가야 마땅하다는 주장이었다. 몇 년 전에 나눈 개인적인 내용의 마지막 통화는 이런 식이었다. 당신이 당신의 지인들과 마침 내가 사는 곳 근처에서 만나기로 했는데, 내가 밥값을 낸다면 같이 만날 생각이라는 것이다. 기분이 좋지 않아 거기에 확답을 바로 하지 않자, 그 후로 수년간 연락이 끊겼다. 참고로, 그도 나도 서울 바깥 전세로 사는 가난한 대학 교수다.

|

물론 이런 이야기는 순전히 내 입장에서 말한 것으로, 주관적인 것이다. 내가 주체적인 인간인 한, 세상은 내가 보는 세상일 수밖에 없다. 그들의 이야기는 당연히 다를 것이다. 그러나 그들과 소통이 발생하지 않는 한, 소통을 통해 내 주관적인 생각과 의견을 조정하지 않는 한, 내게는, 나라는 주체가 보는 세상 곧 주관적인 세상이 전부다.

굳이 개인사를 들먹이는 것은, 인간 간의 관계는 설령 가장 기본적인 생물학적 연대인 핏줄로 성립되었을지언정, 가족이라는 이름으로 구속되어 있을지언정, 사랑으로 결합되지 않으면 삶의 멍에일 뿐이라는 점을 말하고 싶어서다. 어디 인간만 그렇겠는가? 생명 있는 모든 존재는 사랑에 끌리고, 미움에 등 돌리지 않는가? 바바라 월터스가 달라이 라마에게 묻는다. "행복은 어떻게 얻을 수 있나요?" 달라이 라마가 그녀에게 답한다. "측은지심과 온정을 통해." 타자를 따뜻하게 품어 주는 마음을 지니면 행복이 온다는 말이다.

가족 관계의 문제는 바로 가족 관계 그 자체에 있다. 한 번 해병은 영원한 해병이라는 말처럼, 동생은 평생 동생이고, 형은 평생 형이다. 그가 한 사람의 성숙한 사회적 인간이라는 사실이 바로 그 탓에 배제된다. 그가 가장 가까운 친구가 될 수 있다는 사실이 바로 그 탓에 은폐된다. 가족이라는 이름만큼 따뜻하고 편한 둥지 혹은 고향이 있을까? 형제만큼 좋은 친구가 있을까? 그런데 가족이라는 이름만큼 또 부담스러운 틀이 있을까? 추석날 가족 곁에 가기를 꺼려하는 사람들이 내 주변에도 꽤 있다. 안타까운 일이다.

10

눈 녹듯, 그러나

정말 오래간만에 어머님이 계시는 큰 형님 집을 방문했다. 오래간만인 이유가 몇 있다. 우선, 몇 년 전 큰 형님네 공간에서 트라우마가 생긴 탓에, 억지로라도 잊어야 할 판이었다. 좀 적적해지면 가야 한다는 부담감이 큰 만큼, 방문하면 어떤 꾸지람을 들을까 싶어, 굳이 미루고 미루었다. 게다가 세상 경제가 다 엉망이니 나 또한 형편이 빡빡해져, 비행기 값이며, 여행에 따라붙는 이런저런 비용이 부담스러워 차일피일했다. 어찌 되었거나 더는 미루어선 안 되겠다는 생각에 결행했다.

플러싱(Flushing)은, 날씨도 좋고 별 변한 게 없는 것 같은데, 생기가 빠졌다. 늘 그렇듯 경제가 나빠지면 가난한 사람들이 가장 먼저, 가장 큰, 타격을 받으니, 플러싱이 가라앉아 보이는 건 자연스러울 수밖에 없는데도 부자연스러웠다. 자정에 도착해서 잠을 설친 후 첫날 아침을 맞았다. 누님과 형님네 식구들이 모여 열 명이 넘는 식구들과 아침을 때우러 맥도날드에 갔다. 맥도날드며 던킨 도너츠 등 플러싱 대부분의 패스트푸드 집은, 늘 한국 사람들〔대부분 연세가 많으신 분들〕로 법석댔는데, 이번에는 이상하게 공간이 좀 헐렁했다. 아주 질이 낮은 종이 냅킨도, 예전과 달리, 손님들이 접근할 수 없도록 통제되었다. 냅킨을 좀 달라 해도 고작 몇 장이다. 사람들이 냅킨마저 들고 가 살림에 보태기 때문이란다.

|

그러곤 드디어 '올 것'이 왔다. 저녁 시간이 얼마 남지 않은 시간이었다. 형님이 커피를 좀 같이 마시자며 굳은 얼굴로 옷을 입으셨다. 우리는 아침을 먹었던 그 맥도날드에 다시 가서 구석에 자리를 잡았다. 형님은 어둡고 무겁게 말문을 여셨다. 초등 학교 4학년 때부터 바깥에 나가 돈을 벌어 우리를 먹여 살리셨다는 이야기, 평생 당신은, 동생들 앞길에 어떤 장애거리도 되지 않는 삶을 사셨다고 생각하는데, 혹 당신도 모르게 그렇게 사신 게, 내가 이렇게 긴 시간을, 소식 없이 살아 온 이유인지 물으셨다. 찢어지는 가난으로 그렇게 어린 나이에 생계를 책임을 지게 된 운명 탓인지, 형님도 나도, 서러워 울컥 목이 메었다. 그건 결코 아니라는 것, 오랫동안 소식을 묻지도 전하지도 않은 것은 전적으로 내 죄며 게으름이라는 것, 그리고 그것은 형님이 모르시는 어떤 사건 때문이라고 설명했다.

|

그 참에, 몇 십 년 동안 묵혀만 두었던 말을 끄집어 내었

다. 그동안 형님은 나뿐 아니라 당신의 모든 동생에게 당신의 기준에 따라 곧잘 못마땅해 하고 너무나 엄하셨기 때문에 동생들은 거리감을 느끼고, 무섬증마저 생겨, 형제애는커녕, 가까이 하고 싶은 마음이 생기지 않았다고. 이왕지사 시작한 마당에, 내 의견을 더 피력했다. 가족, 특히 형제들이야말로 세상에서 가장 친한 친구가 될 수 있는 가장 좋은 조건이라고. 가족은 각자 삶의 기준에 따라 판단해서 실망하거나 나무랄 대상이 아니라, 집 바깥에서나 집안에서, 어떤 형태의 잘못을 저지르든, 어떤 형태의 문제를 야기하거나 품고 있든, 그저 이해하고 격려하고 후원하고 사랑해야 할 대상이라고.

|

얼음처럼 차갑던 형님이 거짓말처럼, 그 순간, 눈 녹듯 녹았다. 나도 물론 그랬다. 아니, 내가 먼저 그랬다. 심중의 말을 끄집어 내는 순간, 아니, 그 전에 이미 그랬다. 잔인한 운명을 공유하는 순간 마음이 열려 그렇게나 오랜 세월을 묵혀 온 말들을 비로소 편안하게 끄집어 낼 수 있었다. 수십 년 두께의 얼음이 녹자, 환갑을 몇 년 넘긴, 노인네 형색이 완연한, 그의 빛바랜 모습에, 홀연 겨울의 삭풍이 물러가고 봄 아지랑이가 피어났다. 그에게서 처음으로 느끼는 편안함과 따스함이었다. 동시에 깊이 모를 연민의 감정이 엄습했다. 처음으로 그를 가만히 쳐다봤다. 그의 육신은 이미 한참 처지고 낡아 있었다. 지금껏 고단하게 살아 왔으니 마음인들 어디 그렇지 않을까.

|

그와의 소통이 이렇게 쉽다니, 이 쉬운 소통이 그렇게 오

래 막혀 있었다니, 믿을 수 없었다. 앞으로 살 햇수는 얼마나 남았을까. 문득 죽음이 떠올랐다. 아쉬움도 컸지만, 평화의 기쁨도 컸다. 이만큼이나마 참 다행이다. 적지 않은 사람들은 죽을 때까지 서로 불통이지 않은가?

|

그리도 견고하던 둑이 어떻게 이렇게 한 순간에 툭 터졌을까? 아마도 딱 하나의 이유가 있진 않을 것이다. 그 때 모종의 특정한 조건들 때문도 아니었을 것이다. 젊음과 패기와 전투력이 낙엽처럼 다 떨어져나간 겨울의 나이, 삶의 고단함, 지침, 외로움, 회한 등이 영혼을 가득 채운 나이, 약해지고 상해 가는 육신과, 그 육신의 괴멸을 기다리는 죽음을 엿보는 나이, 꽉 쥐든 정신의 힘도 많이 느슨해졌을 것이다. 그렇다고 자존이 줄어들거나 작아진 것은 결코 아닐 것이다. 자존은 소멸해 가는 만큼 더 강해져 있지 않을까 싶다. 적어도 존재의 의미를 일주일에 한 번은 상고할 터이니 말이다. 모든 것은 잃어도, 당신의 손에서 빠져 나가도, 그것만은 지켜야 존재의 고귀성을, 존재의 최소한 품위 혹은 격을 지킬 수 있다고 더 굳게 믿을 것이다. 그러니 그 나이는, 최소한 자존을 존중 받는 한, 마음을 더 잘 열 것이다. 그런데도 정공법에 충실한 대면, 마음 속에 남겨 두거나 걸러 내지 않는 온전하고 정직한 말들이 없었다면, 마음의 빗장이 열릴 리 없었을 것이다.

|

얼음이 눈 녹듯 녹는다고 해서 그것이 곧바로 따뜻한 한 잔의 차가 되지는 않듯, 그와 나는 지금, 비록 얼마 되지

않았지만, 사랑을 주고받는, 이전과 질적으로 다른 새로운 삶을 살고 있지는 않다. 희한한 일이지만, 이전과 크게 다르지는 않다. 역시 사랑은, 프롬(Erich S. Fromm)이 주창했듯, 〔배우고 연습해서 숙달해야 할〕 기술이며, 역시 삶의 방식은, 세상의 모든 물리처럼, 특별한 외력을 개입하지 않는 한 여전히 지속되는 하나의 관성이다. 기술은 많이 해야 느는 법이고, 관성은 틈틈이 인식해서 의도적으로 깨야 바뀌는 법이다.

|

생의 철학자 니체(Friedrich W. Nietzsche)가 가르쳐 주었듯 반복보다 강한 것은 세상에 없다. 급진적 사유가 들뢰즈(Gilles Deleuze)가 상고했듯 미세한 크기라도 반복하면 무한히 커진다. 화가 마그리트(René Magritte)가 보여 주었듯 차이의 반복은 새로운 존재를 낳는다.

|

사소한 일일지언정 자주 실행하는 것이 큰 효과를 낳지 않을까 싶다.

|

●

11

종교라는 이름의 검

인류의 역사에는 전쟁이 끊인 적이 없다. 그리고 거의 모든 참혹하고 모진 전쟁들은 종교 갈등으로 일어났다. 그만큼 종교는, 평화보다는 전쟁에 더 이바지해 왔다. 물론, 그러한 책임을 종교에 묻는 것은, 김영삼 전 대통령이 말한 바처럼, 옛 독재를 역사에 맡기자는 말처럼이나 어불성설이다. 종교나 역사는 무엇을 행할 팔이 없기 때문이다. 종교인, 그리고 역사를 살았고 살고 있는 인간을 행동의 주체로 세워야 마땅하다.

누구나 다 알듯, 칼은 쓰기 나름이다. 적재적소에 쓰면 매우 이롭지만, 잘못 쓰면 나쁘기 그지없다. 종교 또한 그렇다. 종교가 삶을 살 만하거나 행복하게 만들 수도 있지만, 망칠 수도 있기 때문이다. 〔종교인이 과반을 넘는 우리 나라는 살기 좋은 나라인가? 의인 열 명만 있었더라면 고돔과 소모라 성이 멸망하지 않았다는데, 이렇게

많은 우리 나라의 종교인 중 과연 몇이나 의인인가?〕

|

종교 때문에 어떤 이유에서든 삶이, 잠시가 아니라 지속적으로 더 좋아졌다면, 자기 최면이 아니라 현실의 삶의 질이 실제로 더 좋아졌다면, 그야말로 멋진 일이다. 여기서 중요한 것은, 삶의 변화는 일차적으로 인간 관계에서 나타난다는 점이다. 그러니, 그 좋아진 현실은 인간 관계에서 비롯되어야 마땅하다.

|

우선, 종교 덕분에 물질이 더 풍성해졌다거나, 바라던 직장을 얻었다고 생각하는 것은, 터무니 없는 착각이다.〔한국 종교, 특히 기독교는 구복 신앙에서 여전히 자유롭지 못하다.〕종교는 마음의 평화를 줄 수 있고, 그로써 병이 낫는 데 모종의 역할을 하거나 물질의 증식에 도움을 줄 수는 있겠지만, 그런 것들의 직접적인 원인은 아니다. 육체의 건강이나 물질적인 풍요와 직접 인과 관계를 맺는 종교는 존재하지도 않고, 설령 그러한들, 그것은 이미 종교라 할 수 없다.

|

삶의 질에 결정적인 영향을 미치는 것은 인간 관계로서, 그것은 거의 마음 씀씀이에 따르는데〔드라마에서 익히 듣듯, 거상은 물질이 아니라 사람 얻는 것을 가장 좋은 거래로 여긴다.〕, 종교만큼 마음〔혹은 영혼〕의 문제에 깊숙이 관여하는 것은 거의 없다. 종교만큼〔기존의〕인간 관계에 막대한 영향을 미치는 것은 찾아보기 힘들다. 종교라는 검의 긍정과 부정의 극단을 가르는 것은 바로

이 지점에서다. 종교의 덕으로, 자신이 맺고 있는 사람들과 더 좋은 관계를 형성하게 되었는가? 아니면, 인간 관계가 더 나빠졌는가?

|

종교가 우리의 삶에 약이 되거나 독이 되는 것은, 내가 생각하기에, 종국적으로 인간 관계에 대한 그것의 위치 설정에서 비롯된다. 종교는 인간〔의 삶〕을 규정하고 명령하는 독단적 위치에 설 때 불화의 원인자가 되고, 인간〔의 삶〕 속에 스며들어 위로와 희망과 사랑의 힘을 주는 샘이 될 때 화목의 길이 된다. 좀 더 정확히 말해, 종교가 집합적 차원의 인간 개념에 간섭하면 독이 되고, 개인적 차원의 인간 실존에 간섭하면 약이 된다는 것이다.

|

종교가 그 가르침에 따라 인간을 좋은 인간과 나쁜 인간으로 나누어〔인간은 누구나 자신이 정의롭고 옳고 선하다고 착각한다.〕, 우리 편의 사람들은 사랑하고 저쪽 편의 사람들은 개종해야 할 대상이거나 심지어 제거해야 할 악으로 생각할 때〔곧 인간을 집합적으로 간섭할 때〕, 그것은 인간 관계를 파괴하는 폭탄이 된다. 반면, 종교가 한 개인 삶의 방식에 개입해서, 이기심을 대면하고 그것을 극복하려고 애쓰는 종교화된 인간으로 바꾸고, 그로써 주변 사람들에 대해 긍휼한 마음을 가지게 할 때, 그것은 인간 관계를 고무하고 개선한다는 말이다. 〔종교라는 말은 통합하다는 뜻이다.〕

|

기독교는 그 두 측면을 다 지니고 있다는 점에서, 말 그

대로, 검이다.

|

성경은 한 측에서 이렇게 말한다. "내가 세상에 화평을 주러 온 줄로 생각지 말라. 화평이 아니요 검을 주러 왔노라. 내가 온 것은 사람이 그 아버지와, 딸이 어머니와, 며느리가 시어머니와 불화하게 하려 함이니, 사람의 원수가 자기 집안 식구리라. 아버지나 어머니를 나보다 더 사랑하는 자는 내게 합당하지 아니하고, 아들이나 딸을 나보다 더 사랑하는 자도 내게 합당하지 아니하며…." 기독교가 사랑의 종교라는 것은, 오직 기독교 안에서만 통하는 양상이다. 기독교는 인간의 사랑을 검으로 지배한다. 기독교 바깥에 있는 자는, 따라서 기독교에 반대하거나, 기독교 교리에 어긋나는 자들은, 가족조차 원수다. 예수가 이 땅에 온 것은, 불화로써 기독교 왕국을 건설하기 위해서다. 기독교의 검은 그것을 위해 원수를 겨냥한다.

|

성경은 또 다른 측에서 이렇게도 말한다. "원수를 네 몸같이 사랑하라." 원수를 진실로 내 몸처럼 사랑한다면, 내 몸에 검을 겨눌 수 없듯 그에게도 검을 겨눌 수 없으니, 기독교의 검은 도대체 누구를 겨누는가? 현실의 기독교〔목사를 위시해서 신도 대부분〕의 검은, 그들이 규정하는 악의 편에 선 자들 곧 그들의 교리에 어긋나는 행동을 하는 자들을 겨눈다.

|

내 가족은, 나만 제외하고 모두, 통속적으로 말하는 골

수 기독교인들이다. 나는 박사 과정을 마칠 즈음 교회 나가기를 그만 두었는데, 부모님은 그 때부터 늘, 내가 반듯한 용모〔단정한 머리 스타일, 면도한 얼굴, 넥타이에 양복, 그리고 구두〕로 다시 교회에 나가기를, 눈물과 협박〔모자지간을 끊겠다는〕으로 요구하셨다. 내 지적 양심을 포기하면서까지 부모의 요구를 들어 줄 마음은 없었다. 그러니 부모님과 늘 갈등 속에 살았는데, 이런 사태를 가끔 듣고 본 형 왈, 효자는 부모 말에 죽는 시늉도 한다는데, 웬만하면 싫어도 부모를 위해 대충 나가는 척이라도 하라고 충고했다. 문제가 그리 쉬운가? 부모님의 원망은, 당신의 자식이 당신이 생각하시는 수준의 삶을 사는 것을 기어코 보시기 전에는, 결코 멈추지 않는다. 우연한 사건으로 교회에 발을 들일 일이 생겨 내가 교회에 나간다는 걸 알게 되자, 이젠 반듯한 용모로 교회 봉사에 나서기를 압박하셨다.

|

각설하고, 나는 지금 교회 생활을 하지 않는다.

|

또 다른 문제는, 부모님을 위해 그리고 부모님과 관계 회복을 위해 짐짓 신앙 생활을 가장하며 산다고 생각하면, 살고 싶은 대로 사는, 곧 내 삶을 노년기까지 포기해야 하는 현실 때문에 우울한 감정에 빠진다는 것이다. 과연 그렇게 할 수 있을지 자신도 없다. 다시 신앙 생활로 돌아오기를 간절히 기도한다며 교회 생활을 은근히 종용하시는 형수의 말에, 내 지적 양심에 따라 살 뿐이라고 대꾸했는데, 이 말은 여전히 내 가장 정직한 고백이며 실

천이다.

|

가족 간의 갈등은 때로 전쟁으로 이어져 완전히 갈라서는 지경에도 이른다. 오랜 기간 세상에서 가장 가까운 관계를 유지했던 그녀와 내가 그랬다. 그녀는 내가 원인이 되어 터진 모종의 사건 때문에 나를 악으로 간주했다. 그러곤 주고받던 이메일의 소통을 거부했다. 나는 〔특히 가족 간의〕 사랑이라는 이름으로, 사건을 바라보는 생각의 차이를 포용해 줄 것을 바랐다. 그녀의 수신 거부에 차단된 내 글 중 일부는 이러하다. "사랑은 차이를 품고, 차이를 넘어서는 힘이라고 여긴다. 다르다는 이유로 사랑을 거두고, 미워하거나 냉대하거나 무관심하다면, 그것을 두고 우리는 사랑이라 말하기 어려울 것이다. 어찌되었든, 우리는, 우리가 진정 사랑한다면, 상대를 이해하려고 노력하며, 이해되는 만큼 수용하고 이해할 수 없는 부분은 남겨두되, 사랑의 힘은 여전히 유지해야 하리라 믿는다."

|

다른 이메일에서 나는 이렇게 썼다. "너와 나는 세상을 살아 가는 방식이 같아서 사랑하고 살았던 게 아니라, 먼저 사랑하며 살고, 그러고서 문득 삶의 방식, 세계관, 행동 양식 등이 다름을 이제 깨달았으니, 사랑으로 그것을 품어야 하지 않겠느냐? 지금도 티비는 이스라엘과 헤즈볼라 간의 전쟁이 만들어 내는 참혹한 광경들을 매 순간 보여 준다. 왜 전쟁이 나는가? 각기 자신들이 진리요, 정당하다고 주장한다. 각자 상대를 악으로 판단하고, 죽

여 없애야 할 대상으로 간주한다. 차이와 다름. 선과 악. 도대체 이것은 누가 결정하는가? 〈이것이 진리다〉라는 명제의 진리 여부는 누가 내리는가? '〈이것이 진리다〉가 진리다'의 진리 여부는 또 누가 가리는가? 복잡한 논리는 그만 두자. 다만, 무언가가 서로 다를 때, 내 생각과 다르다는 이유로, 사랑을 거두지는 말자는 거다. 그것을 따뜻한 편견으로 받아들여, '아름다운' 오해로 만들 수 있을 사랑의 힘을, 부정할 수 없는 선함의 힘을 믿고 실천하자는 거다."

|

수 년이 지난 지금도 나는, 그 때 그녀가 뱉은 몇 비천한 낱말들로 얻은 트라우마 속에 갇혀 산다. 통증은 여전하고, 우리는 가장 소원한 관계로 각자의 삶을 산다.

|

자신 삶의 원리〔가치 체계〕를 자신을 넘는 사회까지 확장할 때, 그것을 타자에게 요구할 때, 그리고 그 요구를 집요하게 밀어붙이고, 그 요구에 응답하지 않는 자들에게 검을 겨누는 것은, 위험한 정복욕이요, 전쟁의 시발 행위다. 종교라는 검으로, 다른 종교와 반종교와 비종교의 편에 서 있는 자들을 베〔고자 하〕는 것은, 휴머니티의 파괴 행위다.

|

●

12

어느 늙은이의 자살 메모

우리 나라 자살률은 OECD 가입 국가 중 최고다. 통계에 따르면, 10년 만에 두 배 이상 늘었다. 흥미로운 것은, 나이가 많을수록 자살률이 높다는 점이다. 80대 이상이 가장 높고, 그 다음으로 70대, 60대, 50대 순이다. 왜 자살하는가? 왜 죽음에 가까운 나이일수록 자살률이 높은가?

『자살론』의 저자인 사회학자 뒤르켐(Émile Durkheim)은, 자살을 개인이 아니라 사회 문제로 파악하고, 거기서 원인을 찾는다. 자살은 개인의 심리적, 경제적 고통 때문에 발생하는 개별적 현상이 아니라, 그 자체가 하나의 독자적인 특성을 갖는 사회 현상으로, 특정 사회 집단의 통합과 유대가 가장 큰 원인이라는 것이다.

한 개인이 아무리 힘든 상황에 처해 있어도, 그를 염려하고, 위로하고, 도와 주는 품들이 주변에 있으면, 자살은 하지 않는다는 말인데, 상당한 설득력이 있지 않은가? 한 인간을 가장 비참하게 만드는 것은, 자신이 사라져도 누구도 개의치 않을 것이라는 생각, 존재감 혹은 존재 의미의 상실, 곧 극단적 소외감이기 때문이다. 이런 까닭에, 지금의 우리 나라가 그렇듯, 한 사회가 경제적으로 더 나은 수준에 이르러도, 자살률은 증가한다.

|

사태가 진실로 그렇다면, 우리는 지금 유대가 약한, 그것도 늙을수록 유대감을 상실해 가는 매우 무정한 사회에 살고 있다고 말해도 무방하다. 나이가 많은 사람의 유대감이 약한 것은, 그(녀)를 둘러싼 사람들이 그(녀)를 낡아 빠져 쓸모없는 사람으로 판단해서 그(녀)를 소외하기 때문이지, 그(녀)가 그(녀)의 주변인들을 소외하는 것은 아닐 것이다. 사람들이 노인들을 쓸모없는 인간으로 폐기 처분하기 때문일 것이다.

|

늙음이 낡음과 동의어가 된 사회. 늙은이들을 죽음으로 내모는 고려장의 사회. "이십대여 영원하라"는 광고의 문구처럼, 모든 방법을 동원해서 육신의 노화를 지연하려고 안간 힘을 쓰는, 청춘 앞에서는 종교의 차이, 직능의 차이, 교육의 차이, 재산의 차이, 아니 모든 차이를 초월해서 이십대를 경배하는, 그야말로 초여름이라는 단 한 계절만 있는 사회. 의학도 돈과 욕망이 몰린 곳으로 몰려 미용 의학이라는 이름의 하이브리드로 번성하고, 노화 방지는 국가가 주도하고 육성하는 고부가 가치 산

업이 되었으니, 이미 늙어 버린 이들은 어찌해야 하는가? 〔산업통상자원부에 따르면 항노화 산업은 세계 시장 규모가 2006년 1,352억 달러에서 2015년 2,919억 달러까지 성장할 것으로 전망된다. 우리 정부는 2020년까지 세계 시장 점유율 10%를 목표로 잡아, 산자부를 통해 2009년 산업 기술 혁신 촉진법을 근거로 '항노화 산업 육성 방안'을 수립해서 적극적으로 추진하고 있는데, 기업과 대학과 연구소 등이 참여하는 가칭 항노화 제품 개발 사업단을 꾸려 2011~2014년까지 연간 90억 원을 지원한다는 계획을 발표했다.〕

|

나는 지금도 한 방송에서 들려 준 이야기를 잊지 못한다. 자살한 어느 늙은 여인이 남긴 노트 이야기인데, 거기서 그녀는 자신을 보는 사람들의 시선을 고발〔혹은 항의〕한다. 자신의 영혼에는, 어린 소녀와 십대 소녀와 이십대 처녀를 거쳐 노인에 이르기까지 모든 세대의 존재가 숨 쉬고 있는데, 그래서 가끔은 아이의 순진무구성이, 가끔은 처녀의 부끄러움 등 모든 층위의 시간들의 감정들이 공존하는데, 저들은 자신을 그저 늙어 빠진 고약한 노인네로만 취급한다는 것이다. 저들은 주름이 파도를 치는 자신의 피부 속을 보지 않는다는 것이다. 여러 겹의 지질로 구성되어 있는 지구의 마지막 딱딱한 표피만 땅으로 생각하듯 말이다.

|

한 인간이 한 꺼풀 주름투성이로만 인식되는 존재의 슬픔과 좌절의 크기를, 몇 사람이나 헤아릴까. 우리 사회

의 노인 자살은, 온기 없는 종잇장 사회, 표피에 시선을 집중하는 표면의 사회 거부가 아닐까. 존재의 마지막 존엄과 항의의 표시가 아닐까.

|

삶의 어떤 한 순간의 물리적 아름다움에 집착하는, 그것에 온 시선을 집중하는 사회는, 희한하게도 생명이 아니라 죽음을 욕망하고, 죽음을 살고, 죽음을 경배하는 사회다. 삶의 본질인 변화를 거부한 채, 찬란한 정오의 인간으로 응고된 인조 인간, 마네킹이 되고자 욕망하기 때문이다. 늙은이들을 고려장해 가며 살아가는, 늙어 가는 젊은이들은 죽음의 〔정지된〕 삶을 살고, 그렇게 살 수 없는 늙은이들은 죽어서 소멸된다.

|

나는 늘, 자살은 존재의 가장 고귀한 행위라 여겼다. 앞으로 살아갈 날들이 생의 의미/가치/즐거움에서 복원 불가능할 정도로 이탈되었다고 확신할 때, 살아 있으되 죽은 자처럼 살아갈 수밖에 없는, 죽음 같은 날들을 살아가야 하는 운명에 맞서, 그런 운명에 당하기보다, 혹은 개 같은 삶을 살다 죽음 속에 끌려 들어가기보다, 자신이 감히 죽음을 행하는 자살이야말로 인간이 행할 수 있는 최고 고결한 행사라 여겼다. 나는 과연 그만큼 용감할 수 있을까 하는 회의감도 그렇게 생각하는 데 한몫 했다.

|

그런데 이 글을 쓰는 이 순간 생각이 바뀌었다. 자살이 생의 벼랑 끝에 홀로 선 힘겨운 자가, 더 좋은 것이 아니라 덜 나쁜 것을 선택하는 행동이라면, 끝까지 가 보자는

생각이다. 누구나 딱 한 번 살다 때가 되면 다 죽을 수밖에 없으니, 죽음의 카드마저 받아 보자는 생각이다. 무너지고 무너지는 상황에서도, 주어진 운명 앞에서 끝까지 무릎을 꿇지 않은 채, 마지막 남은 영혼의 힘으로 그 극한을, 그 마지막의 순간을 한 번 보자는 생각이다. | 살아가는 것이란, 자신의 살아 있음을, 자신의 생명과 그 주변 간의 부대낌을 가급적 생생하고 온전히 경험하고 기억하고 생각하는 것이 아니라면, 도대체 무엇이겠는가라는 생각이 들어서다. 인간의 위엄은, 아니 자기 자신의 위엄은, 바깥으로부터 오는 게 아니라, 누군가가 세워 주는 것이 아니라, 나 스스로 그것을 규정하고 세우고 지키는, 내 정신으로부터 오는 게 아닐까 하는 생각이 들어서다. 자신을 왕따하는 세상 앞에 자살이라는 패배의 잔을 마시기보다, 차라리 그런 세상을 경멸로써 왕따한 채, 자신의 생명을 자신이 지키는, 자신의 수호신으로 살다 생을 마감하는 빛나는 영혼으로 소멸되는 것이, 차라리 더 고결하지 않을까?

|

나는 지금 삶의 절벽을 마주하고 있지 않으니, 그리고 아직 살아갈 날들이 더 남은 듯하니, 내 생각이 또 어떻게 변할지 알 수 없다. 바라는 것은 다만, 이 글이 지금 이 순간 생각의 기록으로 살아남아, 훗날 또 다른 상념을 불러일으킬 자극제가 되길 바라는 것뿐이다.

|

●

13

이제부터는 기어코

나는 스물을, 서른을, 마흔을 맞이할 때도, 별 특별한 감정에 사로잡히지 않았다. 그런데 오십이 되자 온갖 삶의 감회가 걷잡을 수 없이 밀려들었고, 마침내 엄중한 결단을 하나 내렸다.

지금부터는, 누가 뭐라 해도, 내 방식대로 살다 죽을 것이다. 부모를 포함한 누구의 간섭도, 누구의 영향력도 거부하고, 오직 내가 믿는 가치에 따라, 오직 나 자신의 이성에 기초해서 살아 갈 것이다. 그렇게 사는 데 따르는 일체 삶의 부정적 측면들은 당연히, 기꺼이 수용할 것이다. 이제 나는, 기어코 내 삶을 살다 죽을 것이다.

이런 결단을 내린 지 몇 년이 흘렀다. 그에 따라 산 까닭에 얻은 것도 있고, 잃은 것도 있다. 얻은 것은 거침없는 자유와 통쾌, 평화, 그리고 깊은 행복감이다. 잃은 것은 여러 인간 관계의 손실이다. 그 전에 비해, 홀로 있는 시간이 더 많아졌고, 삶의 군더더기가 대체로 다 빠진 느낌이고, 살고 싶은 대로 살아 불만이나 억울한 기분이 거의 사라졌다.

|

결단을 내리고 한 처음 한 일은 이혼 제의였다. 돌이켜보면, 악몽이라고밖에 표현할 수밖에 없는 부부 관계를 그때까지 미적거렸다. 마음은 하루에 열두 번도 더 그러고 싶은데, 현실이 늘 걸렸다. 그런데 삶의 태도를 확연히 결정하고 나니, 아무것도 걸리는 게 없었다. 어떤 결과든 기꺼이 수용할 정신이니, 무엇이 걸리겠는가.

|

결단을 내리고 두 번째 생각한 일은 사랑이었다. 사랑하다 죽고 싶었다. 그것이 안 되면, 기어코 사랑을 하고 죽고 싶었다. 사람도 사랑하고, 음악도 사랑하고, 문학도 사랑하고, 영화도 사랑하고, 무엇보다 나에게 주어진 삶을 사랑하다 죽을 것이다.

|

내 삶을 소위 주인으로, 주권자로서 사니, 그나마 얼마 되지 않았던 타자들의 원망이 빠져나가고, 그 자리를 내 온전한 주관이 채웠다. 내가 공통 영역을 이루는 만큼만 교섭하니, 가족도 친구도 소원하게 되거나 잃었다.

|

가족은 내가 어찌해 볼 도리가 없는 경우지만, 친구의 경우는, 작년인가 그 전 해인가의 키워드로 오른 언프렌드〔unfriend ; 친구 삭제〕의 결과다. 〔당연히〕 내 기준에

서, 친구로서 마땅히 지켜야 할 덕목을 지키지 않을 때 그랬다. 예컨대 내가 며칠 아파 식음마저 힘들었다는 사실을 알고도 침묵할 때, 내가 보낸 이메일이나 문자에는 오랜 기간 함구하다, 자신이 필요할 때 뜬금없이 다시 연락할 때, 내가 싫어하는 방식으로 지속적으로 나와 더불어 삶을 즐기고자 할 때, 내가 싫어하는 방식으로 지속적으로 나와 소통하고자 할 때 등이다. 친구라는 것이 도대체 왜 존재하는지를 묻게 하는 경우들이다.

|

타자들의 취향이나 관점에 맞추지 않고 자신의 소신에 따라 살면, 외로울 수밖에 없다. 물론 자신의 잣대에 맞지 않는 사람들을 다 잘라내면, 자신만 덩그라니 남을 것이다. (이 정도까지 극단의 입장을 고수할 사람은 없을 것이다.) 어쩌면 자신마저 잘라내야 할지 모를 일이다. 그렇다고 해서, 저들과 함께 살아가기 위해 자신 삶의 방식(언행)마저 바꿔야 할 정도라면, 차라리 홀로 사는 편이 낫다.

|

죽음은 결국 홀로 죽는 것인데, 그 때 자신의 삶을, 타인 때문에 충분히 살지 못했다고, 자신의 영혼에 정직하게 제대로 응답하지 못했다고 고백하며 타자들에 둘러싸여 죽기보다, 내가 살고 싶은 만큼 충분히 살았으니, 아무 미련 없이 홀로 세상을 훌훌 떠나는 편이 낫다.

|

이제 내 삶의 주권을 내가 거머쥐었으니, 내 삶의 과제는, 내 영혼의 가장 큰 갈망을 부단히 찾아 나가며, 그 길

에 따라 잘 사는 것인데, 결코 만만치 않겠지만, 진실로 뜻 있고 즐거운 일이 아니겠는가.

14

지금 알고 있는 걸 그 때도 알았더라면

류시화가 묶어 낸 책 제목이면서, 류시화가 낸 바로 그 책에 게재된 누군가의 글 제목이기도 하다.

그 글의 저자는, "지금 알고 있는 걸 그 때도 알았더라면"이라는 단서를 붙인 후, 이런 것을 더 하고, 저런 것을 해보고 등으로 후회하는 삶의 내용들을 나열한다. 나는 그 글을 읽으며 뭔가를 한 수 배우는 입장이 아니라, 짓궂게도 다음과 같은 질문이 감질거렸다. 뒤늦게 깨달은 지혜가 정녕 뼈에 사무친다면, 이 글을 쓴 이는 과연, 자신이 지금이라 부른 그 시점부터 그렇게 살았을까? 그가 죽음을 얼마 남겨 놓지 않은 상태에서, 그래서 이제는 그렇게 살 수 없는 처지에서 그 글을 썼을 수도 있겠지만, 왠지 그렇지 않을 거라는 생각이 들어서다. 〔물론, 순전히 내 억측이다.〕 그리고 실행은 늘 인식보다 더디고 힘들기 때문이다. 〔몸은 늘 마음보다 무겁고 느리지 않은가?] 그 물음 앞에서 나는 어떤가?

|

무엇보다도 결혼을 매우 신중하게 생각했을 것이다. 또한 좀 더 겸손했을 것이다. 나는 서른 즈음 가족을 위해 결혼하기로 마음을 먹었다. 결혼을 하는 것이 가족을 돕는 길이라 여겼기 때문이다. 오만하기 짝이 없게도, 평범하기만 하다면, 누구와 같이 살든 사랑의 삶을 살 자신이 만만했다. 선을 보고선 한 번인가 두 번인가 만나고 바로 결혼식을 올렸는데, 사랑 없이 시작했던 내 결혼 생활은 완전한 실패로 판명 났다.

|

여자의 몸보다 마음에 더 주의했을 것이다. 그녀의 특정 신체 부위에 사로잡혀 우매하고 유치하게 말없이 괴로워하다 잃게 된 첫사랑의 그녀를, 박대하는 일 따위는 없었을 것이다. 영문 모를 내 박대로 상처 받아 떠나간 그녀에게, 몇 년간 그저 흉통을 견디기만 하며 멀리서 지켜보는 수동적인 태도가 아니라, 무릎을 꿇고서라도 잘못을 빌고 용서를 구했을 것이다. 그동안 사랑의 삶을 살게 해 준 그녀에게 진실로 고마움을 전했을 것이다.

|

음식 만드는 법도 배우고, 부엌 일 하는 습관도 더 일찍 몸에 익혔을 것이다. 부엌에 남자를 허하지 않던 시절은 몰라도, 그것이 더는 작동하지 않던 때부터 적극적으로 배워, 홀로 사는 일상의 고통을 많이 줄였을 것이다.

|

형편에 맞춰 남을 돕는 일도 좀 하고 살았을 것이다. 가

난에 마음마저 찌들려 남의 살림에 아랑곳하지 않았던 좁디 좁은 삶을 떨치고, 재능도 나누고, 시간도 나누고, 노동도 나누며, 선을 좀 쌓았을 것이다.

|

생각해 낼 수 있는 것은 대충 이 정도다. 내가 저지른 수많은 언행의 실수를 좀 줄이기도 하겠지만, 지금도 그 정도의 실수는 하고 살고, 앞으로도 또 그럴 것이니, 삶의 내용을 근본적으로 바꿀 수 있는 것들은 아니다. 시간을 되돌린다고 해서〔지금 인식의 상태를 유지한 채 말이다.〕 지금과 크게 달라질 것은 없는 셈이다. 이렇게 놓고 보니, 삶이란 어떤 강한 운명으로서, 다시 살아도 지난 삶과 크게 다르지 않게 살도록 나를 지배하는 듯하다.

|

실존주의자들은 그런 숙명론의 관점에 맞서, 나를 구속하는 내 삶의 세계〔상황〕들을 받아들이거나 거부하거나 혹은 바꾸는 것, 다시 말해, 내 자유를 가능케 하는 상황을 만드는 것 또한 내 자유라고 주장한다. 그들 왈, "인간의 자유는 상황 바깥에는 존재하지 않는다. 그러나 그 상황은 자유에 의해서만 만들어진다." 맞는 말이다. 인간은 자신이 처한 상황을 당연한 사실로 받아들여 거기에 순응한 채 살기보다, 자신이 살고자 하는 모종의 바람을 이루기 위해 자신을 둘러싼, 자신을 구속하는 상황을 능동적으로 만들어 가야 한다.

|

그런데 문제는 쉽지 않다. 자칫 그런 상황 만들기 그 자체의 덫에 걸려, 그 때문에 귀중한 삶의 순간들을 잃고,

더 나쁜 상황에 갇힐 수도 있기 때문이다. 노동 투쟁이 그렇다. 노동자는 자신이 처한 열악한 상황을 개선하기 위해 투쟁한다. 사용자 또한 자신의 상황을 지키거나 더 낫게 하기 위해 그에 맞선다. 투쟁 환경은 응당 열악하고, 대개 좀처럼 쉽고 빨리 끝나지 않는다. 욕망하는 존재인 생명의 존재는, 그래서 노동자도 사용자도, 일차적으로는 모든 에너지를 스피노자(Baruch Spinoza)가 말한 코나투스[conatus, 자기 보존의 욕구] 곧 자기 유지에 복무하고, 이차적으로 자기 확장에 쏟기 때문이다. 투쟁하는 자는, 투쟁의 명분도 중요하지만 투쟁의 결실이 더 중요하다. 무엇보다도 투쟁 이전보다 더 나쁜 상황으로 돌아갈 수는 없다. 힘의 논리는 약육강식이다. 양측 다 밀리고 싶지 않고, 뺏기고 싶지 않고, 상대의 밥이 되기를 결사코 거부한다. 외부의 힘이든 내부의 힘이든, 투쟁은 그런 상황을 지배할 만큼 큰 힘이 출현하고서야 종료되는데, 그 때까지 특히 약자의 삶은, 차마 삶이라 부를 수 없을 만큼 처절하다. 처절하고 또 처절한 삶을 놓지 않은 채, 보편적인 인간 삶의 조건을 개선하기 위해 투쟁하는 행동주의자들이 참으로 존경스럽다. 그만큼 휴머니티에 대한 사랑과 영혼의 목마름이 더 크기 때문일 것이다.

|

지금 알고 있는 것을 그 때 알았으면 이러저러 했을 것이라는 말에는 삶이 무엇인지, 인간이 어떤 존재인지 좀 더 잘 알면 삶의 실수를 좀 줄이거나 막을 수 있었을 것이라는 믿음이 깔려 있다. 그게 아니라면, 그것은 단순

한 후회의 푸념에 불과하니, 푸념은 푸념으로 그만이다. 포퍼(Karl Popper)의 주장처럼, 우리가 무엇을 배울 수 있는 것은 오직 실수에 의해서라고 한다면, 우리는 그 많은 실수를 했으니, 그로써 지금쯤 많이 깨닫고 알아야 마땅하다. 그런데 왜 우리는, 우리의 삶은 진보하지 않는가? 우리가 미련하고 아둔하기 때문인가? 그래서 실수를 할 때마다 거기서 무엇을 배울 생각은 미처 못 하고, 그저, 잠시든 오래든, 분노와 한숨과 푸념으로 돌아섰기 때문인가? 그럴 수도 있겠지만, 아닐 수도 있겠다. 밀란 쿤데라(Milan Kundera)의 말처럼 인생이 일회적이라면 말이다. 모든 삶의 순간, 상황이 단 한 번밖에 발생하지 않는다면, 어떤 실수로부터 설령 무엇을 깨닫고 배웠어도, 그런 실수를 하게끔 한 삶의 상황이 꼭 같이 반복되지 않는 한, 별 도움이 되지 않는다.

|

적든 크든, 잠시든 오래든, 한 번이든 여러 번이든, 우리가 살면서 범하는 모든 실수는 주로 내 탓이겠지만, 삶이란 늘, 내가 통제할 수 없고, 예측할 수 없고, 잘 모르는 상황들이 끼어들기 마련이니, 그리고 나 또한, 생물학적으로나, 사회적으로나, 인격적으로, 그 때 그만큼의 한계에 붙잡힌 존재이니, 그런 실수는 엄밀히 말해 실수라기보다는, 그 때 내 삶의 한계라고 말하는 게 더 옳지 않을까 싶다.

|

그러니 사실, 지난 삶을 후회하는 행위는, 오늘의 내 삶에 대한 불만을 내뱉는 한 방식이거나, 불만스러운 오늘

의 삶에 대한 책임을, 현재의 나가 아니라 과거의 나에게 떠맡기는 면피 행위이거나, 과거의 삶 중 가슴 저미는 경험을 반추하는 추억의 행위, 곧 오늘 이 순간을 사는 감성의 한 편린, 한 마디로, 오늘의 삶일 뿐이지 않나 싶다.

|

잘 살았든 못 살았든, 과거의 삶은 오늘의 삶을 성립한 토대니, 그리고 오늘의 삶은 또 내일의 과거니, 과거는 과거로서 도도한 삶의 물결 속에 잠겨 있거나 혹은 흘러가도록, 그렇게 내버려 두면 어떨까 싶다. "지금 알고 있는 걸 그 때도 알았더라면"이라는 조건부가 내 심금을 별 건드리지 않는 것은, 그리해 그 앞에 내가 끄집어 낼 건더기들이 별 없는 것은, 바로 그런 생각 때문이다.

|

부관참시(剖棺斬屍)는 정말 바보짓이지 않은가?

|

●

15

마음 아픈 일들

잠시 홀로 앉아 커피 한 잔 손에 들고 비 내리는 창밖을 물끄러미 내다보며 지난 삶이든 지금의 삶이든 마음 챙겨 생각에 잠기면, 누구나 마음 아픈 일 한둘 쯤 떠오를 것이다. 딱히 후회라기보다, 그렇게 안 되고, 이렇게 되었으면 좋으련만 하는 일들 말이다. 삶의 강물은 우리가 원하는 대로 흘러가지 않을 때가 종종 있지 않은가.

오늘 나는 두 사람을 생각한다.

고향 교회의 한 후배. 그를 본격적으로 만난 건, 경제 사정이 심히 힘겨운 상태로 박사 과정을 시작한 타지에서다. 500달러를 주고 산, 20년이 넘은 엄청나게 큰 미국 차를 몰고 수백 마일을 달려, 마침내 도착지를 앞둔 아팔라치 산맥에서 퍼지는 바람에 우여곡절 끝에 당도한 그의 집. 그는 정말 친형제처럼 맨발로 뛰쳐나와 나를 반겼

다. 그렇게 시작된 몇 주의 더부살이는, 그의 집 근처 저렴한 아파트를 하나 구하고서는 끝났지만, 그는 낯선 땅에서 내가 아는 유일한 지인이어서 많은 시간을 함께 했다. 그는 내 차에서 내 궁핍을 알아챘고, 나는 플리마켓에 자리 잡은, 그의 옷가게에서 그의 경제 사정을 단번에 파악했다. 몇 시간을 있어 봐도, 변변찮은 손님마저 별 없던 초라한 가게였다. | 그는 늘 웃는 낯으로 나를 만났다. 나보다 더 못하는 영어라 에프를 피로 발음하면서도, 늘 밝고 씩씩했다. 그가 타는 차만 봐도, 아니 그가 살아가는 형색 어디를 봐도, 형편에 여유가 없는 것이 뻔한데, 늘 나를 도울 기회만 노렸다. 틈틈이 와플 하우스로 데려가 커피도 사 주고, 때로는 식품들도 사 오고, 하얀 봉투에 어떤 때에는 현금 수백 불을, 한 번은 수천 불을 집어 넣어 경황 없이 건네 주고 도망갔다. 뿌리치고 또 쳤지만, 생계가 힘들어 어쩔 수 없이 받은 돈을 쓰며, 그래 지금은 쓰지만, 언젠가 내가 크게 도우리라 다짐했다. | 눈에서 멀어지면 마음에서 멀어진다는 말이 있지만, 나는 공부를 마치고 귀국한 후, 누군가를 떠올릴 때면 늘 그를 먼저 생각했다. 후배가 사는 도시에 들를 일이 있을 때면 꼭 그를 챙겨 만났다. 그는 그 때, 흑인들이 아니라 멕시칸들을 대상으로 하는 플리마켓에 가게를 열고, 홀로 된 어머니와 함께, 예전보다 더 도심 가까운 쪽의 한 아파트에 살고 있었다. 여전히 밝고 씩씩했다. 여전히 함께 먹은 음식 값을 먼저 내려 했다. 내가 그에게 그가 좋아하는 회를 사 준 것은 그러니까 그 때밖에 없다. | 공부를 마칠 즈음, 학위 논문 프린트 비용조

차 마련하기 힘든 지경이었으니 이사 비용, 전세비, 자가용까지 마련해 준다는 제안이 아니었으면 귀국이 불가했다. 귀국하자마자 일을 시작했지만, 경제 사정은 좀처럼 호전되지 않았다. 돈 쓸 일은 많아지는데 버는 돈은 별 늘지 않았다. 버는 돈이 줄어드는 경우도 생겼다. 생활비가 느는 일도 생겼다. 나는 그럭저럭 몇 년 동안, 언젠가 폼 잡고 후배 곁에 날아가 큰 도움 한 번 멋지게 해 주고 오리라 다짐하며, 후배의 고마움을 살 속의 가시처럼 지니고 살았다. | 그러던 어느 날, 고향교회의 다른 후배에게서 그의 사망 소식을 뜬금없이 들었다. 어머님이 호스피스 병동에서 돌아가신 후, 아무도 만나지 않은 채 우울하게 지내던 그였는데, 경찰에게서 연락이 왔다는 것이다. 비오는 날 집 근처 공원길 옆에서 사망한 지 일주일을 넘긴 익명의 시체 주인을 알아보기 위해서 말이다. 홀로 마흔을 좀 넘긴 나이였다. | 그 이야기를 듣는 순간, 돌아가던 일상이 돌연 정지되며 가슴을 메웠던 그 먹먹함. 그 때 온몸을 누르던 무거운 아픔이 지금도 여전하다.

|

두 번째 그. 성인이 되어 만났지만, 사이가 썩 좋았다. 늘 세워 두던 정신의 날 탓인지 가끔 차가운 기운을 느꼈다. 탁월성에 대한 강한 열망 때문인지, 본디의 성정 때문인지, 내 작업에 대한 거친 엿보기의 심보를 드러냈다. 그렇긴 해도, 그는 순정하고 따뜻한 사람이었기에 문제될 바 아니었다. 우리가 게이라 누가 놀려도 흔쾌히 받아들일 터였다. 그와 함께 지낼 동안은, 우리가 떨어진다는

것은 상상조차 할 수 없었다. 그런데 이제 그는 저기에, 나는 여기에, 아무런 상호성 없이 각자의 삶을 산다. 가슴 저민 일이다. | 그와 처음으로 떨어져 지내던 몇 년, 나에 대한 그의 험담을 그와 가까운 지인을 만날 때마다 들었다. 몇 번은 그럴 리가 없을 것이라 여겼지만, 그 지인이 터무니없는 말을 할 사람도 아니어서 마음이 점차 상했다. 한두 번 그를 만나 닦달하며 캐물어도 부정으로 일관했다. 그러고도 나는 가끔 그를 찾아가 시간을 제법 보냈는데, 그 때마다 흉중의 말을 꺼냈지만, 그는 좀체 마음을 열지 않았다. 그러던 어느 날, 한 술집에서 그의 속말을 들었다. 구체적인 언사가 아니라, 나에 대한 자신의 기분에 대한 말이었다. 한 마디로, 내가 있으면 스트레스를 받는다는 논지다. 내가 그의 공간에 존재한다는 사실만으로도 그렇다는 것이다. 그는 그 까닭은 기어코 함구했다. 그 때 내가 말했다. 그렇다면, 내가 당신의 삶에서 사라지겠다. 그러고서 이렇게, 십 년이 넘는 세월이 흘렀다. | 아마 남의 시선, 남의 말, 남의 삶 등에 별 신경 쓰지 않는, 아니 어쩌면 남들을 무시하는 듯한, 내 오만한 행동 양식 때문이 아닐까 생각해 보지만, 순전히 내 반성이다. 진실은 오리무중이다.

|

아주 나중에 짐작은 어림해 보지만, 도대체 왜 그런지 영문 모를 일로, 사람의 관계가 물건의 관계로 바뀐 경우가 한 번 더 있다. 또 다른 제삼의 인물에 관한 이야기다. | 여럿이 함께 있을 때, 전화를 받는다든지 다른 일로 내가 주의를 돌릴 때마다 그는, 나를 험담했다. 이유를 눈치

조차 채지 못했다. 그러기를 세 번에 달하자, 나는 그를 냉대하기로 작정했다. 그로써 그와 나의 관계는 분명한 냉기에 접어들었는데, 우연한 기회에 술자리에 동석하게 되어 그에게 감정을 솔직하게 털고 물었다. '나는 왜 그런지 모른다. 그러니 그 까닭을 알려 달라. 잘못한 일이 있으면 용서를 구하겠다. 기왕지사 술자리에 동석했으니 우리 쿨하게 털고 잘 지내 보자.' 그는 그 자리에서 함구했고, 우리는 지금까지 물건의 관계로 남아 있다. 마음 아픈 일이다.

|

위의 글을 쓰고 몇 년이 흘렀다. 어느 날 문득 나이를 날카롭게 의식하며, 속으로 굳게 결심했다. 지난 아픈 일들을 모두 삼키자. 더는 아픈 것들을 묵히기만 할 나이는 아니다. 쉬운 일은 아니지만, 꼭 그리할 것이다. 여전히 마음에 걸리는, 어찌해도 안 될 것 같은 사람이 있지만, 무조건 그리할 것이다.

|

어느 날, 두 번째 그에게 간단한 안부를 써서 책을 한 권 보냈다. 하룬가 이틀인가 지났을까, 그에게서 전화가 왔다. 아마도 책을 받고 내가 쓴 글을 읽자마자 한 것 같았다. 그 순간, 오랫동안 단단히 언 우리 사이의 시간들이 순식간에 녹았다. 진실로 경이롭다 해야 할 일이었다. 그는 필시, 내가 말을 걸기만을, 학수고대하며 지내온 것이 틀림없었다. 그가 그리도 고마울 수 없었다. 내 편협함을 뼈저리게 인식했다. 그 일 이후 우리는, 곧장 예전의 관계를 회복했는데, 이렇게 기쁜 일은 참으로 오

랜만이다.

제삼의 그는, 아주 가끔 마주칠 일이 생긴다. 한사코 먼저 눈을 피해 왔던 나는, 그를 볼 때마다 짧은 목례를 건넨다. 어색한 답례가 오지만, 마음은 전에 비해 훨씬 덜 무겁다. 언젠가 그에게, 커피 한 잔 대접할 평화의 순간이 오기를!

●

16

감동적인 사건

지금껏 살아오며 자신들을 감동하게 만들었거나, 마음을 크게 움직인 사건이 있는지, 대학원 디자인 스튜디오를 가르치면서, 십 년이 넘도록 학기마다 학생들에게 물었다. 자신이 감동 받은 경험이 없고서야 어찌 남을 감동시킬 수 있겠는가 싶어서다. 혹 감동을 받았다면, 감동을 받게 된 조건 혹은 이유를 냉철히 분석해 냄으로써 그로써 감동을 줄 상황을 다시 만들어 낼 수 있을지, 작업을 통해 배우게 할 심사에서다. 생각보다 그런 경험이 귀한 모양이다. 감동을 받았다는 학생은 10년 동안 한 손가락으로도 다 못 꼽을 정도니 말이다.

나는 대체로 감동을 잘 받는 편이다. 음악을 들으면서도 선율이나 화성에 제법 자주 감동하고, 나무를 보면서도 그 복잡성과 미세한 떨림과 아름다운 구조에 깊이 빠져들고, 책을 읽으면서도 글쓴이 사유의 깊이와 크기에,

글들이 빚는 시적 감성과 음악성의 아름다움에, 마치 졸지에 한 대 맞은 사람마냥 몸이 멍하니 얼고, 드라마나 영화를 봐도, 내가 넘볼 수 없을 만한 정신력이나 기예를 봐도, 아름다운 자연 풍광 앞에서도 감동을 받는다.

|

최근 나는 거의 충격적이라 할 만한 감동의 사건을 경험했다. 한국 나이로 스물일곱의 프랭크 이야기다. | 그는 피아노를 위시해서 어떤 악기도 배운 적이 없다. 음악공부도 한 적이 없다. 당연히 악보도 읽지 못한다. 어릴 때 악기를 못 배운 것이 한이 되어, 그에게 1/2 사이즈 클래식 기타를 사 주며 관심을 갖기를 간절히 바랐지만, 그 때도 그렇고, 그 이후로도 그는, 한 번도 음악에 관심을 보이지 않았다. 그가 음악에 관심을 보인 것은 작년 이맘보다 서너 달 앞인 것 같은데, 어느 날 뜬금없이 이메일을 보냈다. 갖고 싶은 전자 피아노가 있는데, 돈이 부족하니, 좀 사 줄 수 있겠느냐는 것이다. 기억이 정확하지는 않지만, 원화로 80만 원쯤이었던 것 같다. 그게 다였다. | 본 지 일 년이 좀 넘은 데다, 다른 볼일도 있어서 이번 여름에 그를 만났다. 그러곤 그가 치는 피아노 연주에 적잖은 충격을 받았다. 세상에, 베토벤 〈월광〉 소나타 전 악장을 치는 것이 아닌가. 차이코프스키의 〈헝가리언 랩소디〉와 라흐마니노프의 〈전주곡〉도 막 연습을 시작한 터였다. 듣도 보도 못한 어느 컴퓨터 게임에 나온다는 음악도, 자신이 편곡해서 연주해 보였는데, 그 서사적인 비장함의 화성이 놀라웠다. 도대체 어찌된 영문인지, 어떻게 이런 일이 가능한지 물었더니, 그의 답은

간단했다. 어릴 때부터 지금까지 컴퓨터 게임을 아주 좋아하는데, 게임에 나오는 음악이 아름다워 알아 보니 베토벤 〈월광〉 소나타였다는 것이다. 1악장이었다는데, 그 덕분에 전 악장을 듣게 되고, 〈월광〉에 끌린 그는, 그것을 연주하기로 마음을 먹었고, 내 도움으로 건반을 샀고, 악보를 읽지 못하니, 악보 보는 법을 독학하고, 모든 음을 건반에 표시해 가며 일 년 동안 매일 몇 시간씩 연습했다는 것이다. | 나는 피아니스트가 아니니, 그를 정확히 평가할 안목은 없다. 하지만 내가 마지막 볼 때까지 완전 왕초보이던 그가, 손가락이 보이지 않을 정도의 빠른 속도로 음계를 정확히 연주해 내는 것은, 〔그는 나처럼 손가락이 짧고 많이 벌어지지 않아, 한 옥타브도 동시에 치기 어렵다.〕 기적에 가깝다고 말하지 않을 수 없다. 놀라운 도전 정신과 엄청난 집중력과 끈질긴 연습의 산물임은 두 번 말할 나위없다.

|

피아노를 독학한, 그래서 악보도 볼 줄 알고, 기타처럼 코드 정도는 모두 안 보고 쳐, 웬만한 곡들을 재즈 풍으로 치며 기분도 낼 수 있고, 그리 어려운 곡이 아니면 어느 정도 연습으로 칠 수 있을 정도인 내가, 평생 엄두를 내보지 못한 일이었다. 한참만에 클래식(컬) 기타를 다시 손에 잡으면서, 이제는 예전과 달리, 쉽게 편곡된 곡 중 좋아하는 곡들만 골라 힘든 연습은 피하고 즐기는 쪽으로 연주하리라 다짐한, 도전 정신을 완전히 폐기 처분한 지금의 나에게 큰 자극이었다.

|

이런 일이 예전에도 한 번 있었다. 고등학교 졸업이 얼마 남지 않았을 때다. 그의 학교 미술부가 시내의 한 화랑에서 전시회를 연 적이 있었다. 프랭크 그림들도 있다는 말에 보러 갔다. 한 미군이 헬리콥터에서 베트남 마을을 내려다보며 기관총을 겨누고 있는, 전지 크기의 그림이었는데, 흑백을 뒤집어 표현한 것으로, 정확성과 세밀함과 표현의 강렬성이 기막혔다. 언제 그렸느냐는 질문에, 그 왈, 일주일에 수십 시간씩 수개월이니, 아마 몇 백 시간? 그러는 것이었다. 빗방울도 계속 한 곳에 떨어지면 바위마저 구멍을 낸다더니, 그가 그런 격이었다. | 미국 엘에이에서 남쪽으로 몇 십 분 떨어진 곳에 와츠 타워즈 아트 센터(Watts Towers Arts Center)라는 곳이 있다. 철 구조물에 모르타르를 칠하고, 군데군데 모자이크 타일을 붙인 17개의 구조물들로 이루어진 곳인데, 가장 높은 것은 30미터에 이른다. 국립 역사적 장소로 등재되어 있고, 캘리포니아 주립 공원이자 역사적-문화적 기념물 제15호로 지정되어 있다. 예술 센터라 불리지만, 실제로 예술의 범주에는 속하지 않고, "인간 정신, 그리고 일관된 하나의 비전에 대한 하나의 독보적 기념비"로 칭송된다. 와츠 타워즈에서 내가 놀란 것은, 거기에 설치된 모든 구조물이, 예술과 공학의 교육을 전혀 받지 않은 한 사람의 최하층 건설 노무자의 손에 의해, 그것도 특별한 장비 없이(볼트, 리벳, 납땜이나 용접기도 없고, 심지어 비계도 없이) 만들어졌다는 믿기 힘든 사실 때문이다. 낮에는 노무자로, 밤에는 자신의 열정을 좇아 구조물 디자이너와 작업자로 산, 샘이라 불리던

〔Sam/Simon Rodia〕 그에게 왜 탑들을 만들었는지 묻자, 그는 이렇게 답했단다. "나는 무언가 큰 것을 하고 싶었는데, 그것을 해 냈다." | 반 세기 전에 이 세상을 뜬 샘이 나에게 준 교훈은, 자신이 바라는 바의 무엇을 이루지 못한 자는, 어떤 핑계도 댈 수 없다는 점이다. 그는 누구의 요청도, 도움도 없이, 어떤 기대도, 어떤 보상도 없이, 오직 자신 영혼의 요구에 겁 없이 충실히 응함으로써, 자신이 이루고 싶은 바를 이루었고, 자신의 삶을 오래 남길 만한 것으로 만들어 냈다.

|

"나는 내 삶이 빛, 색, 향기로 가득하기를 바란다. 나는 나 자신을 위해, 어떤 것도 가능한, 모든 것이 가능한 세계를 읽고, 쓰고, 짓고 싶다." 그가 남긴 메모다.

|

●

17

우리 사회, 우리 말, 그리고 휴머니즘

서양 사람에게, 한국에선 나이가 같은 사람끼리만 친구라 부르는 사이라고, 그래서 친구끼리만 반말을 쓸 수 있다고 하면, 다들 놀라워한다. 믿을 수 없다는 표정을 짓는 이도 많다. 우리 사회의 희한한, 어처구니 없는, 고약한 습속은, 한 살만 차이나도, 형이나 선배로 부르며 존칭을 쓸 것을 강압한다. 그 습속을 위배할 때 가끔 살인이라는 극단적인 사건도 터지는데, 그런 사건을 접할 때 경악한다. 이런 경우가 다른 나라(들)에도 있는지 잘 모르겠지만, 그들도 나도, 그런 나라(들)에 대해선 아직은 들은 바 없다.

우리 사회가 전통적으로 촌수, 나이, 직위 등에 따른 수직 사회인 탓에 언어가 그에 맞추어 위계 형식을 지니게 되었는지, 우리 언어가 위계적 형식을 띠고 있는 탓에 우리 사회의 인간 관계가 수직화되었는지, 어떤 것이 먼저

인지 잘 모르겠다만〔삶과 언어는 불가분의 관계이기 때문에, 거의 동시적일 가능성이 높다.〕분명한 것은 언어 형식의 변화는 인간의 정신을, 그리고 인간 간의 관계를 바꾼다는 사실이다.

|

미국에서 어린 자식을 키워 본 사람들은 아마, 대부분 경험했을 것이다. 우리 말을 먼저 습득하고, 서너 살 즈음 영어 환경에 노출된 아이들은, 언어가 바뀌면 행동도 함께 바꾸는 희한한 모습을 보인다. 우리 말을 쓸 때에는 소심하던 아이가, 영어를 쓰면 동일한 상황인데도 외향적으로 변하고 용감해진다. 그러다 우리 말로 바뀌면, 또 다시 내향적으로 변한다. 영어가 우리 말보다 더 능숙해서가 아니다. 우리 말이 더 나을 때나, 영어가 더 나을 때나, 태도 변화는 매한가지다. 내 추측으로는, 우리의 수직적 언어 형식이 영어와 달리, 억압적이기 때문이지 않나 싶다.

|

동등한 연배나 족벌의 수준이 아니고선, 한 측에서는 높임말을, 다른 측에서는 낮춤말을 쓰는 불평등한 언어 관계는, 특히 우리 사회에서는, 지배와 피지배의 관계 곧 상명하복의 관계를 강화한다. 존칭어를 쓰는 사람이 반말하는 상대 사람에게 명령을 하는 것은, 정상적인 상황에서는 부자연스럽고 거의 불가능하다. 또한 반말하는 사람이 자신에게 높임말을 쓰는 상대를 자신과 동등한 지위로 대하는 경우도 드물다.

|

누구나 느끼고 알고 있겠지만, 나이 차이가 인격이나 능력의 차이는 결코 아니다. 허나 나이 차이는 두 사람을 묘한 관계로 만든다. 두 사람 모두 성인인데도, 혹은 같은 처지의 삶을 살면서도, 연장자는 자신이 속한 사회의 구성원들을, 마치 부하나 아이처럼 취급하고, 또 그에 맞는 역할을 기대하고 요구한다. 이 얼마나 어이없고, 어처구니없는 일인가!

|

사람들은, 언어가 지배력을 현실화한다는 사실을 알고, 그것을 이용한다. 사회적으로 높은 지위에 있다고 여기는 사람들, 예컨대 사장이나 직장 상사나, 목사나 의사들은, 자신의 영역에서, 상대가 누구든, 나이가 얼마든, 무시하고 반말하기 쉽다. 목사들은 특히, 우스꽝스럽게도, 자신의 세계 바깥에서마저 묘한 기운으로 자신의 존재감을 드러낸다. 용모나 태도에서도 그렇지만, 특히 말할 때 더 그렇다. 의도적으로 굵고 느린 발성으로 목사로 인식되도록 말한다. 남자와 여자 간도 대개 그렇다. 요즘은 세태가 많이 달라졌지만, 이삼십 년 전만 해도 우리 사회의 불문율은, 남자는 반말, 여자는 존댓말이었다. 남편〔남자 연인〕은 아내〔여자 연인〕에게 반말하고, 아내는 남편에게 존댓말을 쓴다. 때로는 제삼자 앞에서는, 남편〔남자 연인〕이 어려도 그렇게 하기도 한다.

|

휴머니즘 곧 인간다움의 일차적인 적은 지배〔혹은 억압〕이다. 내가 인간 지배 욕망을 갖는 한, 내가 지배 당할 조건이 상존한다. 아니, 내가 그런 조건 유지에 일정

부분 공헌하는 셈이다. 그러니 내가 인간답게 살기 위해서라도, 타자를 인간답게 대해야 한다. 타자에게, 그가 나에게 해 주기를 바라는 것과 같이, 행해야 마땅하다. 내 존재의 위치를 결정하는 것은, 궁극적으로 타자들이기 때문이다.

|

존댓말과 반말의 관계가 낳는 지배-피지배의 관계를 바꾸기 위해서는, 존대를 받는 측에서 존댓말을 쓰는 것이 가장 현실적이다. 높임말을 써야 하는 측에서 반말을 쓰는 것보다, 반말을 쓸 수 있는 측에서 높임말을 쓰는 것이 더 쉽고, 편하기 때문이다. 무언가를 바꿔야 할 때에는, 높은 자 혹은 가진 자가 자신을 내리고, 자신이 가진 것을 내어 놓아야 마땅하다. 낮은 자가 올라가고 없는 자가 내어 놓는 것은, 몇 곱절 더 힘들다.

|

굳이 언어 형식을 바꾸지 않고서도, 타자들을, 그것도 우리 사회의 구조 안에서 자신보다 낮은 격의 타자들을 수평적으로 대할 수 있다면, 세상의 모든 타자를, 나이와 사회적 지위와 성과 인종 등에 따라 차별하지 않고 친구처럼 대할 수 있다면, 우리 말의 높낮이 표현이 참 좋은, 나아가 아름답기까지 하겠다만, 우리 정신에 미치는 언어의 막강한 영향력을 다시금 생각하면, 아무래도 어법을 평등하게 맞추는 게 가장 나을 듯싶다.

|

휴머니즘의 토대인 언어 평등주의는 상호성을 요구한다. 대화는 상호성과 평등성으로 성립하기 때문이다.

부모든, 선생이든, 사장이든, 직장 상사든, 앞서 말했듯, 높은 곳에 있는 자들의 변화가 절박한데, 그들은 대화라는 미명으로, 그들 아래에 있는 자들에게 말을 일방적으로 늘어 놓기 일쑤다. 대화〔dia-logue 곧 둘이 하는 말〕란, 내가 말하고, 그 말에 상대가 대응해서 말하고, 상대의 말에 내가 대응해서 말하는 상호 평등한 수준에서 말의 주고받기인데, 군림하는 태도로 목사처럼 설교하거나, 선생처럼 가르치려는 말을 늘어 놓는다. 상대의 반박을 논리적으로 답하기보다 반항이라 여겨, 감정적으로 돌변한다.

|

가르치고 싶거든, 상대에게서 배울 태도 또한 취하라. 말할 상대가 특히 성인이거든, 상대가 청하지 않는 한, 너 그렇게 살면 안 된다느니 하며, 일방적으로 가르치려들지 말라. 유명한 이영애의 대사가 정곡을 찌른다. "너나 잘 하세요~!"

|

우리 모두, 대화 좀 하고 살자. 그로써, 좀 더 인간답게 살자.

|

●

18

머리가 아니라 가슴으로?

나뿐 아니라 다들, 한두 번 보고 들은 게 아닐 것이다. 영화에서든, 텔레비전에서든, 사람들의 얘기에서든, 글에서든, 아마 수십 번도 더 보고 더 들었을 듯한데, 분명히 지금도 어디선가 그렇게들 말할 것이다. "머리가 아니라 가슴으로 살아라"는 말, 말이다. 여기서 머리는 이성을, 가슴은 감정을 지칭한다. 이성적으로 살지 말고 감성적으로 살라는 뜻이다. 들을 때마다 식상도 하지만, 도무지 말이 안 되는 얘기라, 기가 막혀 가끔 반론을 제기하면, 나를 이성 중심주의자로 몰아가며 시대 착오적 인간으로 간주한다. 글 좀 읽었다는 이들은 더하다. 몇 권의 책들로부터 익힌 천박한 지식으로, 포스트모더니즘이니 어쩌니 들먹이며, 이성이 끼친 모더니즘이라는 역사의 한 단락을 마치 온통 폐단처럼 비판하며, 지금은 이성이 아니라 감성으로 작업하고 살아야 한다고 난리들이다. 그들은 자신이 장님 코끼리 더듬거린 식으로 지식 세계를 접했다는 걸 모른다.

|

한 마디로 말하면, 감정은 형체 없는 에너지 덩어리라 할 수 있다. 그것에 형체나 의미를 부여하는 것은 이성이다. 이성 없는 감정은 운전대 없는 엔진에 불과해서, 감정을 조절하거나 통제하고, 방향을 잡아 주는 이성이 없이는, 어디로 튈지 모르는 위험물일 뿐이다.

|

익히 알듯, 사람은 이성적인 동물이다. 이성이 사라지면 동물만 남는다. [동물이라는 말은 감정이라는 말로 바꾸어도 무관하다.] 이성은 인간의 본질이다. 인간은 어떤 이유로든 이성을 부정할 수 없다. 그것의 부정은 인간의 조건을 부정하는 것이어서, 그 자체가 모순이다. 흥미로운 것은, 이성을 부정하는 사람들이 이성을 부정하는 논법 그 자체 또한, 이미 이성적이라는 사실을 많은 이가 모르고 있다는 점이다. [설득을 요구하는 모든 주장과 진술은 이성에 기초하고, 이해 곧 이성을 요구한다.] 어떤 한국 사람이, 한국 사람은 모두 거짓말쟁이라고 진술하는 격이다. [그렇게 진술하는 자신이 한국 사람이니, 자신의 진술이 옳다면, 자신은 거짓말쟁이로서 자신의 진술이 거짓이 되고, 자신의 진술이 거짓이라면, 자신은 거짓말쟁이가 아니니 자신의 진술이 참이 되는, 헤어날 수 없는 모순에 갇힌다.]

|

화이트헤드(Alfred N. Whitehead)라는 유명한 철학자는, 『이성의 기능』이라는 자신의 책에서, 이성은 인간의

삶의 기술을 촉진하는 기술로서, 살기 위해(to live), 또한 참답게 살기 위해(to live well), 더 나아가 더 잘 살기 위해(tto live better) 필요하다고 했다. 거꾸로 말하면, 이성이 약하거나 결핍되면, 살아남거나, 참답게 살거나, 제대로 사는 데 심각한 장애가 생긴다는 말이다. 인간 삶의 토대는 바로 기술인데, 기술이 바로 이성의 활동이니, 이성을 부정하는 것은 인간의 삶을 통째로 부정하는 것과 같다. [프롬은, 사랑도 기술로 파악하지 않았던가? 인간의 삶에서 기술적이지 않은 측면은 아무것도 없다.]

|

그렇다고, 이성에 문제가 없다는 말은 결코 아니다. 이성은, 추상화와 일반화에 기초한 분별[참인지 거짓인지, 선한지 악한지, 아름다운지 추한지 등에 대한 판단]이라는 이성의 바로 그 특성 때문에 풍부한 삶의 특질을 놓칠 우려가 짙다. 가히 천재라 불러야 할 위대한 정신들, 예컨대 스피노자, 니체, 하이데거, 데리다(Jacques Derrida), 들뢰즈 등은 모두 이성 비판론자들이다.

|

여기서 주목해야 할 점은, 이성을 비판하는 그런 사람들이 매우 이성적인 사람들이라는 사실이다. 충분히 이성적이지 않으면서 이성을 비판하는 대개의 사람들과 상황이 다른 것이다. 이성을 비판하고, 이성의 결핍으로 발생하는 폐해는, 이성의 충만이 가져올 문제보다 훨씬 심각하고 위험하다.

|

한나 아렌트(Hannah Arendt)는 두 차례의 세계 대전, 베트남 전쟁, 68 혁명 등 전쟁, 혁명, 폭력으로 점철된 지난 20세기를 폭력의 세기로 규정했는데, 그것은 국가가 이성을 잃으면서 독재와 전체주의로 변해 갈 때, 시민 또한 냉철한 이성을 유지하지 못해, 그것을 견제하기보다 거기에 끌려갔기 때문이다. 그녀에 따르면, 폭력을 막는 유일한 방법은, 시민이 생각할 수 있는 능력을 갖추는 것이다.

|

나는, 특히 우리 나라 사회는 전반적으로 이성의 능력을 더 진척해야 한다고 믿는다. 여전히 이성〔법, 규칙, 질서〕에 기초하기보다 감정에 휘둘리는 경향이 강한 나라이기 때문이다. 이른바 '국민 정서법'이라 불리며 헌법마저 초월하는 놀라운 나라가 아닌가. 유승준을, 입국법이 아니라 국민의 정서 때문에 입국을 거부한 나라가 아닌가. 나는 아직도 못 잊는다. 얼마 전 전역했다는 한 젊은이가 텔레비전 인터뷰에서 한 말과 표정을. 그런 사람은 결코 우리 땅에 발을 들여 놓게 하면 안 된다고 한 그 이십대 남자를. 내가 기억하기로 그 때 유승준의 입국 사유는 장모될 분의 문상이었다. 얼마나 무서운가.

|

나는 우리 나라의 큰 문화적 특징을 쏠림이라 생각한다. 그리고 쏠림이라는 현상이 발생하는 근저에, 왕따 불안증이 있는 것은 아닌가 한다. 남들이 입고, 먹고, 사는 방식대로 살고자 하는 의식, 곧 유행에 극히 민감하고, 폭발적인 집단성을 보이는 행동의 밑바닥에, 〔영화의 관

람객 수가 수백만 명에 이르는) 자신이 속한 사회로부터 소외되는 것에 대한 두려움이 있다고 추론한다. 그만큼 줏대와 소신이 있는 삶을 살지 못한다는 뜻이다. 이성이 약해서다. 개인적 삶의 주체성과 주권성의 확립은 이성이 아니고선 불가능하기 때문이다.

|

물론 이성뿐 아니라 감정 또한 절실히 필요하다. 아인슈타인 왈, 종교 없는 과학은 소경과 같고, 과학 없는 종교는 절름발이와 같다. 여기서 종교는 감정으로, 과학은 이성으로 말을 바꾸어도 큰 무리가 없겠다.

|

불교의 인식론은 감정을 출발점으로 삼는다. 간단히 설명하면 이렇다. 인간은 모든 대상을 쾌와 불쾌에 기초해서 관계한다. (참과 거짓이 아니라는 것으로, 니체의 생의 철학과 같다.) 쾌한 것은, 좋고 선한 것으로 인식해서 가까이하고자 하고, 불쾌한 것은 그 반대인데, 그것을 가르는 기준은 자의식이다. 나(내 생존, 생명, 삶 등)에게 이롭고 좋은지, 그렇지 않은지가 잣대다. 따라서 세상을 보는 중심을 내가 아니라 만물에 골고루 두면, 곧 '그저 그러함(suchness)' 혹은 '있는 바 그대로(as-it-is-ness)'의 눈을 가지면, 그런 가치 판단에서 벗어난다. 예컨대, 소나무는 소나무고 대나무는 대나무지, 소나무가 대나무보다 낫거나 그 반대도 아니라는 것이다.

|

스피노자에서 들뢰즈에 이르는 욕망의 철학자들에 따르면, 이성도 세상을 이성적으로 보고자 하는 욕망의 소

산이다. 진리도 진리를 사랑하지 않고서는 가까이 할 수 없고, 음악도 건축도, 심지어 한 인간도, 그(것)를 사랑하지 않고서는 제대로 알 수 없다. 모든 인식은 앎에 대한 사랑으로 발생하고 형성된다. 칸트 왈, 지식의 시작은 호기심이다.

|

궁극적으로, 이성과 감정은 조화를 꾀해야 할 일이지, 그 중 하나를 선택해서 주장할 일은 아니다. 감정은, 이성의 개입 없이, 세련되고 우아한 감정 곧 더 높은 수준으로 고양되지 못하고, 이성도 감정의 개입 없인, 휴머니즘의 온기를 잃는다. 두 극단 간의 균형 잡기 혹은 중도 찾기 또한 결코 쉬운 일은 아니지만, 지금 우리에게는 이성이 더 필요하다는 생각은 변함이 없다.

|

아직은, 우리 모두 우선, 가슴보다 머리를!

|

●

19

평범한 삶이 그리운 사람들

백지영의 노래 〈보통〉은 이렇게 시작한다. "보통 남자를 만나 보통 사랑을 하고 / 보통 같은 집에서 보통 같은 아이와 / 보통만큼만 아프고 보통만큼만 기쁘고 / 행복할 때도 불행할 때도 보통처럼만 나 살고 싶었는데 / 〔…〕/ 뭐 어려운 거라고 보통 사랑하는 게 / 보통 여자들처럼 사랑 받고 사는 게…"

보통 삶이란 무엇을 말하는 걸까? 보통 남자, 보통 사랑, 보통 행복이란 도대체 무엇일까? 『한국일보』가 2006년 통계청에 의뢰해서 선정한 K씨라는 사람이 있다. K씨는 통계청이 제시한 평균치〔통계청에 따르면, '대한민국 평균 가구주'는 한 달 평균 소득 300만 원 가량, 나이는 47세, 학력은 고졸, 가구원은 세 명, 집은 국민 주택 규모로 전용 면적 26평 아파트에 산다.〕에 거의 일치하는 사람인데, 때로는 자신을 중산층, 때로는 서민으로 생각하는 K씨의 삶은 그리 녹녹치 않다. 그는 "중산층이면 영화 감상이나 여행 같은 최소한의 문화 생활은 가끔 누려야 하지 않나요? 한 달 수입의 반이 애들한테 들어가니 한 해가 다 가도록 영화 한 번 못 봤어요. 며칠 전엔 아들놈이 석 달치 학원비 120만 원을 엄마 카드로 긁고는 '돈을 너무 많이 써 미안하다'는 문자를 보냈습디다. 애들도 부모의 고통을 아는 거지요."라면서, "선거 때만 찾아오지 말고 평소 서민들의 처지를 생각하며 일해 달라"고 정치권에 한 마디 보탰다.

|

백지영의 노래가 그리는 풍경은 아닌 듯싶다. 대부분의 사람도 평범한 인생을 그렇게 생각하지 않을 듯싶다. 사람이 흔히들 살고 싶어 하는 평범한 삶은, 큰 우환이나 별 탈 없고, 그럭저럭 먹고 사는 데 별 어려움 없고, 아이들 큰 말썽 없이 잘 크고, 성적도 상위는 아니라도 중간은 좀 넘고, 주말에 가끔 외식도 하고 특별한 날에는 공연도 좀 보며 사는, 소위 남들이 하는 만큼은 하고 사는 삶인데, 사실 이런 삶은 실제 현실에서는 매우 특별하다. 남들 모두, 크게 아프지 않고, 큰 사고 없고, 먹고 사는 데 별 지장 없고, 아이들 말썽 없이, 그렇게 사는 것이 아니기 때문이다. 그 정도의 수준은 특별한 소수만 누리는 삶이다. (소수는 이미 남들처럼 사는 게 아니다.) 어쩌면 소수도 누리지 못하는 삶일지도 모른다. 건강, 연애, 결혼, 출산, 육아, 생계에 별 지장 없는 사람이 과연 몇이나 있는지, 도대체 있기나 한지 모를 일이다.

|

통계치가 보여 주는 평균의 삶은 평범한 삶이 아니다. 말 그대로 수치일 뿐이다. 사람들이 마음에 그리는 모종의 삶이 다 그렇듯, 평범한 삶은 보통으로 인식되는 사람들의 실재〔있는 그대로의 삶〕가 아니라, 보통이라 생각하는 사람들이 산다고 상상으로 가공한, 포근하고 부드러운 이미지로서, 또 하나의 행복한 삶의 포장된 이름에 불과하다.〔실제로 누가 보통 사람에 속하는지 판단하는 것도 쉽지 않은 일이다.〕 거기에는 바깥 사람들은 알 수 없거나, 보지 못하거나, 보지 않는, 각종 불행의 양상이 제거되거나 완화되어 있다. 나보다 보통인 그들이, 실제로 행복한 것이 아니라, 행복한 것처럼 보이기 때문이다. 마치 속담처럼 말이다.〔이웃집 잔디가 더 푸르고, 남의 떡이 더 커 보인다.〕 뒤집어서 말하면, 평범한 삶을 그리워하는 사람은 비범한 삶을 산다는 말인데, 여기서 비범하다는 것은 대개의 경우, 뭔가 부족하다는 것을 뜻할 따름이다. '이 정도는 살아야 하는데'라는 인식 망〔중산층의 삶이라는 작은 욕망의 충족이 결핍되었다.〕에 걸려 있다는 말이다.

|

그게 아니라면 대체로, 삶은 일반화할 수 없으니, 그리고 복수가 될 수 없으니, 자신이 선택한 특정한 삶의 방식 때문에 살 수 없는 또 다른 삶에 대한 욕망일 것이다. 프로스트(Robert Frost)의 〈가지 않은 길〉이라는 제목의 시가 말해 주듯 말이다. "노란 숲 속에 길이 두 갈래로 났습니다 / 나는 두 길을 다 가지 못하는 것을 안타깝게 생각하면서, / 오랫동안 서서 한 길이 굽어 꺾여 내려간

데까지, / 바라다볼 수 있는 데까지 멀리 바라다 보았습니다 / 〔…〕 / 훗날에 훗날에 나는 어디선가 / 한숨을 쉬며 이야기할 것입니다 / 숲 속에 두 갈래 길이 있었다고, / 나는 사람이 적게 간 길을 택했다고, / 그리고 그것 때문에 모든 것이 달라졌다고" 이 길에 들어섰으니, 저 길은 영원히 갈 수 없고, 〔예컨대, 결혼 생활을 하면 싱글의 삶을 살 수 없고, 그 반대도 그러하듯〕 그래서 내가 걷는 이 길이 아니라, 내가 걸을 수 없는 저 길에 미련이 남는 건 어쩔 수 없는 일이다.

|

그런데 진정한 의미에서 비범한 삶을 산 비범한 사람이, 단순하고 평범한 삶을 그리워하는 경우도 있다. 물론 갑남을녀와 같은 우리 삶과 동떨어진 이야기지만 말이다. 세기의 소프라노, 오페라의 여신, 불멸의 디바 마리아 칼라스(Maria Callas)가 그렇다. 목소리로 세계를 지배한 칼라스는, 성악가로서의 절정기에 선박 왕 노인 오나시스(Aristotle Onassis)에 빠져, 자신을 세계적인 성악가로 키워 준 23살 연상의 남편을 버리고, 심지어 자신의 음악적 삶의 근거인 무대마저 버리고, 오매불망 그의 사랑만 바라보며 그에게 온 삶을 헌신하며 살다가, 그가 케네디(John F. Kennedy)의 미망인 재클린(Jacqueline Kennedy Onassis)과 결혼하는 바람에 버림받았다. 그녀는 다시 무대로 돌아왔지만, 오래가지 않아 성악가의 삶을 마감하고, 몇 년 후 우울증에 시달리다, 수면제 과다 복용으로 인한 심장 마비로 자신의 아파트에서 홀로 죽었다. 우리 나라 나이로 쉰다섯이었는데, 그

녀의 죽음은 간호사와 집사가 지켜보았다.

칼라스의 실제 삶도 매우 극적이지만, 만년의 삶을 다룬 영화 〈칼라스 포에버〉(2002) 또한 매우 흥미롭다. 칼라스가 오랜 친구이자 공연 기획자인 동성애자 켈리와 삶을 회상하며 이야기를 나누는 마지막 장면이 특히 그러하다. 칼라스의 대사 내용은 이렇다. "하나님은 기도에 응답하시지. 문제는 우리가 잘못된 걸 기도한다는 거지. 난 마리아 칼로게로 폴로스가 싫었어. 마리아 칼라스이길 원했지. 한동안 그랬지. 그냥 단순히 여자가 되게 해 달라고 할 걸 그랬나 봐. 마술 부리는 예술가가 아니라 말이야…. 당신도 그냥 단순히 남자가 되게 해 달라고 해. 우리가 얼마나 행복했을까? 아무것도 특별할 게 없는 평범한 남자 여자." 오페라 연출자이기도 한 감독 제피렐리(Franco Zeffirelli)는, 칼라스가 출연한 오페라를 연출한 적이 있기도 하고, 그녀와 개인적으로도 친분이 두터운 친구 사이였으니, 영화에서 켈리의 배역과 거의 일치해서 실제로 그가 아닐까 싶다.

사실이 어떻든, 감독이 영화로 들려 주는 칼라스와 실제의 칼라스의 삶이 묘하게 병치된다. 앞에 인용한 칼라스의 대사와 칼라스의 실제 삶을 나란히 놓고 보면 그렇다. 영화의 칼라스〔비범한 인간〕는 말년에 칼로게로 폴로스〔평범한 사람〕의 삶을 갈구한다. 그러나 현실의 칼라스는 오나시스의 눈빛에서 처음으로 자신이 여자임을 느껴〔고백이 그렇다.〕, 그녀 삶의 전부인 음악과 스타라는 비범한 삶을 포기하고 평범한 사람으로 돌아가 살았지만, 우울증에 시달리다 쓸쓸히 죽었다. 물론 오나시스와 함께 한 삶이 평범하다고는 결코 말할 수 없겠지만, 그녀가 무대를 버리고 오직 한 남자의 사랑만 바라고 살았다는 점에서는, 그녀의 시각에서 평범한 사람의 삶이라고도 할 수 있다. 백지영이 모든 음악 활동을 접고, 오직 한 사람의 아내로만 돌아간다면 그렇게 말할 수 있듯 말이다.

문제는 누구나 '평범한 삶'이라고 말할 수 있을 그러한 삶은, 구체적인 한 개인의 실제 삶 속에 들어가 꼼꼼히 살펴보면, 찾을 수 없거나 어쩌면 그 형태만 개념적으로 존재할지 모른다. 대상이 무엇이든, 멀리 떨어져 바라보면 날카로운 윤곽과 세세한 것들이 사라져 부드럽게 보이는 이치와 같다. 멀리서 보면 다 같아 보이지만, 가까이서 보면 다 달라 보인다고 하지 않는가? 사람들이 그리워하는 평범한 삶은 평범하다 여기는 사람들의 삶을 바깥에서 바라볼 때 볼 수 있을 뿐이다.

20

기적

기적이란, 우리 머리 곧 이성으로 해명할 수 없는 현상을 기술하기 위해 쓰는 말인데, 지금까지 살아오며 나는 그것을 평생 딱 한 번 경험했다. 어머님에게서.

십 년 전쯤 어느 날 아침, 다급한 전화가 걸려 왔다. 아무래도 어머님이 치매에 걸리신 것 같다는 내용이었다. 아침부터 말은 전혀 안 하시고, 뭐든, 누구든, 말을 걸면, 그저 싱긋 웃기만 하신다는 것이다. 급히 병원으로 모시고 가야 한다고 말했는데, 가까운 종합 병원에서 엠알아이며 엑스레이로 확인해 보니, 뇌종양이었다. 대학 병원으로 옮겼다. 큰누님, 작은 형님, 그리고 나는 담당 의사를 대면했다. 걱정에 찬 우리의 눈빛들을 둘러보며, 의사가 영상 사진들을 가리키며 말했다. 너무 커진 종양이 뇌의 언어 영역을 누르는 바람에 말을 하지 못한다고, 더 청천벽력의 소식은, 수술을 해도 여섯 달쯤, 수술을 안 해도 여섯 달쯤 사실 거라고. 우리 사이에 잠시 설전이 벌어졌다. 작은 형님은, 할 수 있는 것은 모두 다 해야 한다며 수술을 주장했다. 나는 수술 여부와 상관없이 생존 기간이 여섯 달이라는 것이 확실한지 담당 의사에게 재차 확인한 후, 수술에 반대했다. 누님은 우리의 격한 논쟁을 다만 지켜보고 있을 따름이었다. 내 주장의 요지는 이러했다. 수술을 해도 생존 기간이 연장되지 않는다면, 도대체 수술은 왜 하는가. 게다가 수술로 삶의 질이 급격히 하락할 것이 뻔하니, 수술은 어머님에게 나쁜 결정일 뿐이다. 형이 어떻게 해서 자신의 완강한 주장을 철회했는지 기억이 나지 않는데, 결국 우리는 어머님의 퇴원을 결정했다. 어머님을 집으로 모셔 가는 내내 마음이 어지러웠다. 어제까지만 해도 상상조차 하지 않았던 어머님의 죽음이라는 임박한 사건은, 나를 멍하면서도 그와 동시에 혼란스럽게 만들었다. 집에 도착하자마자 뉴욕에 거하고 있는 큰 형님과 작은 누님과 긴 통화를 했다. 모두 여섯 달이 바로 코앞인 듯 여겼다. 장지에 대한 의견들을 무거운 마음으로 나눈 후 각자 자신의 처소로 돌아갔다. 며칠 후, 불법 체류자의 신분으로 살고 있던 작은 누님이 급히 귀국했다. 그리고는 곧바로 뉴욕에서 알게 된 '현미차 요법'에 돌입했다. 평생을 약을 즐겨 드시던 어머님은 누님의 지시에 충실히 따랐다. 얼마 후, 신기하게도 어머님의 말문이 터졌다. 두어 달쯤 후 엠알아이로 확인해 보니, 종양의 진행이 멈추었다. 또 서너 달쯤 후, 그러니까 담당 의사가 사망에 이를 것이라 확진한 시점에 다시 확인해 보니, 놀랍게도 종양이 줄어들었다. 물론 어머님의 모든 일상 생활은 뇌종양 사건 이전처럼 정상으로 돌아갔다. 어머님 상태가 안정권에 접어들자 누님은 캐나다로 날아갔고, 거기서 두 번의 시도로, 다시 미국 월경에 성공했다. 어머님은 그 후로도 '현미차 요법'을 철저하게 수행하셨다. 그러고는 이삼 년 후, 뉴욕 큰 형님 가족과 동거하시기 위해, 거기서 당신의 여생을 보내시기 위해, 한국을 영영 떠나시기 전에 다시 한 번 체크를 했는데, 놀랍게도 종양들이 다 사라졌다. 여섯 달 후 돌아가신다는 어머님은 십 년쯤 지난 지금까지 뉴욕에서 건강하게 살고 계시는데, 세수가 아흔이시다.

|

이 사건을 해명할 방도는, 합리적인 틀 안에서는, 세 가지다. '현미차 요법'을 치료제로 보는 것, 어머님 몸의 자생력을 원인으로 보는 것, 그리고 그 둘의 조합 때문이라는 것 등이다. 그런데 이 셋은, 그럴 수 있다는 가능성에 불과한 것으로서, 과학적인 검증이 결여된 탓에 아이디어 수준에 불과하다. 이성의 영역을 벗어나면 하나님과 같은 초월자의 은총으로 돌릴 수 있는데, 이 또한 하나의 형이상학적 아이디어로서, 합리적 논의의 대상은 아니다. 그러므로 나에게 이 사건은 지금까지, 말 그대로, 하나의 해명 불가 현상 곧 기적으로 남아 있다. 해명이 불가한 까닭에, 내 삶의 방식에 거의 영향을 미치지 않는다.

|

우리는 그런데, 기적이라는 말을 다른 맥락으로 쓰기도 한다. 불가능한 것 혹은 그러하리라 생각하던 것이 가능

한 것으로 바뀔 때가 그렇다. 예컨대 선천성 사지 기형 장애로 양 손에 두 개의 손가락을 지닌 이희아가 베토벤과 쇼팽의 곡을 아름답게 치는 것을 볼 때, 불가능한 것으로 간주된 '무농약 사과 재배'를 갖가지 좌절과 고통을 겪으며 9년 만에 성공한 기무라의 '기적의 사과'를 볼 때, 우리는 지체 없이 기적이라 부른다. 고통의 인내와 좌절의 극복과 주변의 따가운 시선을 견디며, 그야말로 확고한 신념과 엄청난 노력을 통해 일구어 낸 이런 기적이야말로, 진실로 우리가 기적이라는 이름으로 회자할 만하다.

|

그 이외의 것, 예컨대 과학적 검증 없이 회자되는 각종 민간 요법 형태의 기적의 치료제들은, (어머님의 뇌종양 완치에 공헌한 듯한 '현미차 요법'도 당연히 그러해야 하듯) 참고는 하되, 거기에 미혹되어 맹신해서는 결코 안 된다. 요즘 종합 편성 채널들에서 거의 설탕물에 불과한 각종 효소의 효능을 기적의 치료제인 양 떠벌이는 것을 자주 접한다. 과학적 사실도 그리 믿을 만하지 않을 때가 가끔 있다. 한 채널에서 어떤 전문가는 뒷담화가 건강에 나쁘다고 하고, 다른 채널에서 다른 전문가는 그것이 건강에 좋다고 단언한다. 커피에 대한 새로운 과학적 발견들은, 건강에 이로운지 해로운지에 대해 늘 뒤집힌다. 더 가관인 것은, 종편 채널이 증가하면서, 비용 대비 효과 때문인 듯한데, 갑자기 늘어난 각종 토크쇼에 사주며 관상이며 풍수며 무속 등이 난무하고, 묵은 도덕이 관록과 나이를 내세워, 새로운 윤리를, 심지어 학문

〔정신 의학자의 견해〕까지 억압한다. 우리 사회는 목하 이성에 반하는 방향으로 흐를 위험에 무방비적으로 노출되어 있다.

|

처음으로 돌아가, 기적이란 무엇인가? 이성으로 해명할 수 없는 현상을 두고 우리가 쓰는 기적이라는 말은, 우리의 이성을 부정하는 것이라기보다 우리의 이성으로써 우리의 이성의 한계를 인식하는, 그리하여 이성 바깥에 놓인 것들을, 괄호로 묶어 우리 이성의 영역으로 끌어들이는 것이 아닌가? 혹은 이희아와 기무라의 경우를 놓고 보자면, 그 때문에 그동안 우리가 지녔던 능력의 한계를 다시금 인식하는 것, 그리하여 우리 능력 바깥에 놓여 있던 것을, 그 한계 안에 슬그머니 위치시키는 것이 아닌가?

|

그러므로 기적의 진정한 의미는, 우리의 한계에 대해 다시 고찰하고, 그로써 우리의 한계를 확장하려 애씀으로써, 우리의 앞으로의 삶을 바꾸어 나가려는 몸짓에 있다 해야겠다. 그런 의미가 결핍된 세상의 모든 기적은 어린 아기가 자신의 몸을 처음으로 뒤집는 사건보다 나을 게 아무것도 없다.

|

●

21

의사에 대한 (불)신임

몇 달 전까지만 해도 나는 의사를 일상의 세계로부터 분리된 예외적 존재로 철석같이 믿고 살았다. 그들의 말이라면 추호의 의심 없이 받아들였다. 나에게 의사는, 대학생이 되면서부터 회의가 생기기 시작한 교회 목사를 대체한, 아니, 세상의 모든 직능인 가운데 유일하게 믿어 온 그런 존재였다. 예전에 언론을 통해 알게 된, 받아들이기 힘들 만큼 높았던 대학 병원의 오진율 정보도, 잠시 뇌리에 머물렀을 뿐, 의사에 대한 전폭적인 신뢰는 그대로였다. 그러다 얼마 전 내가 직접 그들을 경험하면서 의사의 신실성에 대한 내 믿음이 두 동강 났다.

자고 일어난 어느 날 아침, 돌연히 어깨가 아팠다. 이 주 전, 구청에서 조성한 동네 포켓 체육 공원에서 나란히 뻗은 두 막대를 팔로 잡아당기는 기구를 썼기 때문일 것이리라. 그 때 안 쓰던 근육을 썼기 때문일 것이라 여겼다.

서른이 지나고부터는 거의 종일 앉아만 지내 온 나는, 운동이랍시고 일주일에 서너 번쯤 팔굽혀펴기를 해 오던 터였다. 팔로 밀어내는 운동만 했지, 당기는 운동은 하지 않은 탓에, 그 기구를 처음 썼을 때 이틀쯤 근육이 아팠다. 게다가 아주 어디선가 들은 '오십견'에 걸리지 않으려고, 간단한 스트레칭을 꾸준히 해 왔으니, 분명 그 탓일 거라 생각했다. 그런데 그 근육통이 사라지고도, 늘 하던 어깨 스트레칭을 하려 들면, 마치 팔이 뚝 떨어지듯 힘이 쭉 빠지며 자지러지는 통증이 생겼다. 시간이 지나면 나을 거라 여겼던 어깨 통증이 어느 시점부터는 팔을 조금만 움직여도 소스라치듯 아팠다. 극심한 통증 때문에 티셔츠도 제대로 입을 수 없고, 머리도 감을 수 없고, 자다가도 깜짝 놀라 깨기가 일쑤였다. 의사의 도움을 받을 수밖에 없는 지경에 이르러 우선 집 근처 종합병원 홈페이지를 확인했다.

다행히 정형외과도 또 거기 속한 의사도 여럿 있었고, 특히 어깨 관절 시술 경험이 충분한 박사 학위 소지자가 있어서, 그에게 진료를 받으러 갔다. 의사는 환자인 나를, 평범한 얘기를 한 후 무슨 말인지 알겠냐며, 마치 유치원생 취급하듯 했다. 나는 의사의 도움이 절실한 환자, 곧 약자의 입장이기도 했고, 그 때까지 지녔던 의사에 대한 무조건적 신뢰로 내심 불쾌했지만, 고분고분 말을 들었다. 그의 첫 명령은, 엠알아이와 엑스레이를 찍어 오라는 것이었다. 몇 시간을 들여 그렇게 하고 그와 다시 대면했다. 회전근이 파열되고 염증이 생겼다고 말했다.

이유를 물었더니, 옷도 오래 입으면 낡게 되는 것과 같은 이치라 했다. 그러고선 2주간의 약으로 진행 경과를 보자고 했다. 그가 처방한 약을 2주 동안 먹었다. 그런데도 증상은 전혀 호전되거나 완화되지 않았다. 그러자 그는, 이박삼일을 입원해 수술을 해야 한다고 했다. 몇 년 전 겨울 어느 날 넘어져, 왼쪽 어깨뼈들이 심하게 분리되어 수술한 적이 있어, 이것보다 훨씬 심한 수술도 미국에서는 당일에 했는데, 왜 이박삼일을 입원해야 하는지 물었다. 그의 대답이 기가 막혔다. 한국은 미국보다 의료 수가가 낮기 때문이라는 것이다. 그러니까 속뜻은 의료비를 높이기 위해 입원 수술 한다는 것이다. 돈은 둘째 치고 수술, 그것도 입원 수술은 전혀 예상치 못한 터라 잠시 생각할 틈이 필요했다. 미국에서 흔히 들었던 '세컨드 어피니언〔다른 의사의 견해〕'이 떠올라 다른 병원에 한 번 가 보고 결정하겠다고 했다. 내 말이 떨어지기가 무섭게, 그는 돌아앉았다.

|

어느 대학 병원 홈페이지에서 이력과 경력을 점검해서 선택한 의사를 찾았다. 그는 내가 가져간 영상 자료들은 거들떠보지도 않은 채, 이것저것 시키며 문진하고, 곧바로 해결책을 제시했다. 초음파 주사를 맞고, 두 달간 약을 복용하며 관절 운동을 하라는 것이었다. 첫 의사가 입원 수술을 권했는데 수술할 필요가 없냐고 물었더니, 수술은 "절대적으로 필요 없다"고 했다. 그의 처방에 따라 운동한 덕에 지금은 거의 완치 상태다. 알고 보니 어깨 관절을 둘러싼 막이 특정한 이유 없이 굳는 '동결견'

인데, 40세에서 60세 사이의 여자들이 주로 걸리는, 흔히 오십견으로 알려진 질환이었다.

|

동결견으로 고생하던 와중에 낙상 사고를 당했다. 119로 실려가 어느 대학에서 뇌신경과, 정형외과, 성형외과, 안과 등의 응급 처치를 받았다. 뇌신경과 의사는 머리에 실금이 갔다고 했고, 정형외과 의사는 꼬리뼈와 같은, 목뼈 뒷부분이 부러졌다고 했다. 응급실에서 퇴원하고는 네 개의 과에서 돌아가며 진료를 받았는데, 흥미로운 것은 머리와 목, 두 부분의 엠알아이와 엑스레이 영상을 본 또 다른 뇌신경과 전문의의 말이었다. 머리뼈도 목뼈도 아무 이상 없다는 것이다. 목뼈 때문에 받기로 되어 있는 정형외과 진료를 안 받아도 되겠느냐 물었다. 그는 전혀 그럴 필요가 없다고 답했다. 읽기가 어려운 유방암도 아닌 뼈 영상을 잘못 읽는다는 것은 지금도 이해하기 어렵다.

|

어깨도 그렇고 뼈도 그렇고 '세컨드 어피니언'이 없었다면 얼마나 어처구니없는 과정을 거쳐야 했을까. 이 두 사건을 경험하면서 나는, 평생을 마음에 두었던 '모든' 의사에 대한 무한한 신뢰를 거둬들였다. 조금만 생각해봐도, 의사도 일군의 인간인데, 특정한 직능이라고 해서 이례적 존재로 볼 하등의 이유는 없다. 선생도, 좋은 선생과 나쁜 선생이 있고, 목사도, 좋은 목사와 나쁜 목사가 있듯, 의사도 마땅히, 좋은 의사와 나쁜 의사가 있기 마련이지 않은가? 같은 이치로 나는, 인간의 집단을

하나로 묶어 내리는 가치 판단을, 늘 반박하고 받아들이지 않는다. 예컨대 멕시코 사람들이 싫다거나, 잘생긴 사람이 좋다거나 하는 식의 견해 말이다. 혹은 부산 사람은 무식하다는 식의 생각과 말들, 말이다. 그러면서도 내가 의사를 유독 따로 떼어 내어 예외적 존재로 인식한 것은, 아플 때에는 몸뿐 아니라 마음도 약해지기 때문인 것 같다. 몸이 병들면, 마음도 건강을 어느 정도 잃기 때문이리라. 나는 오직 그들에 의해서만 고통에서 벗어날 수 있지 않은가.

|

이로써 강자와 약자의 관계를 다시 한 번 생각한다. 약자로 전락한 사람이든, 혹은 약자로 머물고 있는 사람이든, 건강한 정신〔과 몸〕을 지닌 자 곧 '상대적' 강자가 그들을 돌보는 것이 마땅하다는 것을. 요즘 졸지에 유행하고 있는 '갑과 을'의 문제도 그리 다르지 않을 것이다. 인간은, 인간의 삶은, 인간의 세계는 여러 차원을 지녔는데, 이 측면은 을이지만 저 측면은 갑인, 혹은 적어도 한두 측면은 내가 갑일 수 있는, 그래서 물고 물리는 것이거늘, 그것이 그저 돈으로 납작해져 가는 사실이 안타깝다. 여자를 외모로, 남자를 사회적 능력으로, 우리를 돈으로 축약하는 세상이 말할 수 없이 서글프다.

|

●

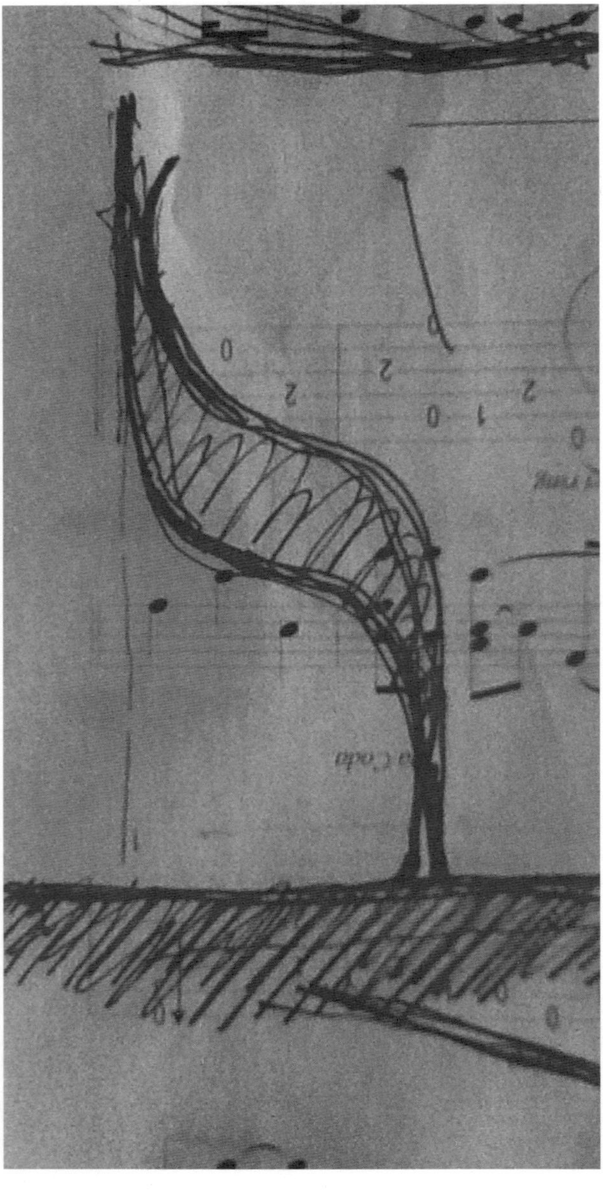

22

행복이란?

행복이란 무엇인가요? 이경규가 〈힐링 캠프〉 말미에 초대 손님에게 빼놓지 않고 묻는 질문이다. 그에 대한 근간의 몇 답변들을 열거하면 이렇다.

이소라 : "지금 내가 이 자리에 있는 것. 저 너무 행복해요."

이병헌 : "더 힘들었던 순간을 생각해 본다. 지금에 행복해 하고… 감사…."

싸이 : "제자리에 있는 것. 가수로서 사람으로서 아들로서 아비로서 제자리에 있는 것…."

법륜 : "행복이란 기분 좋은 것이다. 불행은 기분 나쁜 것이다. 〔그런데〕 기분 좋고 나쁜 것에 민감하면 행복과

불행이 늘 되풀이된다. 그래서 진정한 행복은 〔그런 것에서〕 자유로워지는 것이다."

|

한석규 : "답들을 저도 좀 찾아 봐야겠어요."

|

김강우 : "내가 땀 흘려 번 돈으로 산 딸기를 내가 사랑하는 아이의 입에 넣어 주는 모습을 볼 때. 그것도 내가 세상에서 제일 사랑하는 여자가."

|

김성령 : "3개월간 에너지를 쏟아 부어 일을 하고, 9개월간 일 없이 휴식만 했는데도, 그 9개월이라는 시간이 정말 행복했다. 우울하지 않고, 무기력하지 않고, 정말 행복했다. 다음 작품을 위한 재충전의 시간이 되면서 굉장히 행복했고, 일을 할 때는 열정적으로 해서 또 행복하다. 그래서 행복은 밸런스라고 생각한다."

|

윤여정 : "지금 아파 죽어가는 사람에게는 살아 있는 것 자체가 행복이겠지요. 하지만 우리는 그걸 자꾸 잊어 버려서…. 그래서 나는 그걸 안 잊어 버리려고 노력해요."

|

김인권: "셋째 딸이요. 집에서 셋째 딸이 자신의 팔에 누워서 같이 곤하게 잠드는 게 김인권의 행복이랍니다."

|

장기하: "지금 당장 내가 하고 싶은 일을 하〔는 것〕."

|

행복이 무엇인지 묻는 질문에 대한 답들은, 일견, 백인

백색으로 혹은 다종다양한 것으로 보이지만, 답을 내어 놓지 못한 한석규와 두리뭉실한 답을 제시한 싸이를 제외하면, 모두 오십보백보다. 모두, '기분 좋은 상태'라는, 흔히 알고 있는 행복이라는 낱말의 뜻풀이에 그치고 있기 때문이다.

|

기분이 좋은 상태인 행복과 기분이 나쁜 상태인 불행에 민감하면, 행복과 불행이 늘 되풀이 되는 까닭에, 진정한 행복은 〔그런 것에서〕 자유로워지는 것이라고 답한 법륜의 답변도, 별반 다를 바 없다. 마치 욕망으로부터 벗어난 상태인 '무욕'을 갈망하는 것도 욕망인 까닭에, 그래서 인간은 욕망으로부터 근본적으로 벗어날 수 없듯, 기분 좋은 상태와 기분 나쁜 상태에서 벗어난, 그래서 기분이 좋지도 나쁘지도 않은, 곧 쾌와 불쾌를 벗어난 상태도 기분인 바, 〔우리는 감각, 감정, 의식으로부터 벗어나지 않는 한, 기분으로부터 자유로울 수 없다. 그리고 기분에 사로잡혀 있는 한, 필연적으로 호/불호의 판단을 내릴 수밖에 없다.〕 그 상태를 좋은〔만족한〕 것으로 받아들이면, 기분이 좋은 상태로서 벗어나고자 한 바로 그 '좋은 기분'에 잡히고, 그 상태가 좋지〔만족스럽지〕 않다고 여기면, 이 또한 벗어나고자 한 '나쁜 기분'에 잡히고, 그래서 또 다시 그것을 벗어나고자 하는 기분에 잡히는 것이니, 결국 기분이 좋지도 나쁘지 않은 상태를 행복이라고 말하는 것은 무의미하다.

|

법륜의 뜻은 아마도, 기분이 좋다고 그리 기뻐하지도 말

고, 기분이 나쁘다고 그리 우울하지도 말라는, 그러니까 기분에 따라 일희일비하며 감정적으로 요동치지 않도록, 자신의 기분에 다소 무심하거나, 격한 감정을 잘 다스려, 기뻐하든 슬퍼하든 평정심을 넘어서는 정도의 감정에 이르지 말라는 게 아닌가 싶다. 불교의 인식론은 근본적으로 쾌와 불쾌를 낳는 자의식〔과 그로 인한 가치 판단〕을 넘어서는, 그래서 언어로는 기술하기 힘들거나 불가능한 의식의 세계를 지향하는 까닭에, 소위 대중에 속하는 우리가 실행할 수 있는 범위를 넘어선다.

|

이소라와 김성령과 장기하처럼, 자신이 하고 싶은 것을 하며 살고 있거나 그리할 수 있다는 권능감의 지각은, 그리고 김강우와 김인권처럼, 자신이 사랑하는 사람(들)이 기분 좋은 상태에 있다는 것에 대한 인식은, 확실히 우리의 기분을 좋게 만든다. 그런데 행복을 기분이 좋은 상태로 한정하면, 다소 미심쩍은 경우들이 생긴다. 소파에 드러누워 맛있는 음식을 먹으며 재미있는 영상들을 무한정 보는 것도, 자신보다 약한 사람들을 마음 내키는 대로 때리고 돈을 뺏는 것도, 들키지 않게 마약을 하거나 홀로 사는 사람을 성폭행하는 것도, 남의 것〔수고〕을 〔슬쩍〕 가로채 자신의 것〔영광〕으로 삼는 것도〔선한 이들이 부정과 비리와 약탈이 횡행하는 세계에서 행복하기는 매우 어렵다.〕, 어떤 이의 기분을 좋게 할 수 있다. 〔매우 고결한 성품의 에리히 프롬에 따르면, 남자들은 들키지 않을 것이 전적으로 확실할 경우, 모두 바람을 핀다. 남자들은 바람을 필 대상과 여건, 그리고 들키지

않으리라는 생각이 마련되면, 모두 '혹은 거의 모두' 분명히 바람을 필 것이라고 말할 수 있다.〕

|

그리고 이병헌과 윤여정처럼, 범범한 일상의 각각의 순간을, 자신이 경험한 기분이 아주 나빴던 상태를 반추해봄으로써, 그것을 감사해야 할 소중한 순간으로 (재)인식하는 것으로도, 기분이 다소 좋아질 수 있다. 게다가 마치 '만물 일체유심조'라는 말처럼, 심지어 노예의 삶과 같은, 누가 봐도 아주 나쁜 상태의 삶조차 종교나 정치 이데올로기에 세뇌되거나, 자기 세뇌 때문에 행복하다고 생각할 수도 있다.

|

행복은 분명히, 기분과 무관하다고 말할 수 없다. 기분이 나쁜 상태를 행복이라고 말할 수는 없기 때문이다. 그런데 행복을 '기분 좋은 상태'에 한정하는 것은, 앞의 경우들이 말해 주건대, 뭔가 석연치 않다. 이 석연찮은 뭔가를 해결할 수 있는 실마리는 의외로 두리뭉실한 답변을 내어놓고 첨언한 싸이의 설명에 있다. "가수로서 사람으로서 아들로서 아비로서 제자리에 있는 것"이라는 설명 말이다. 사람의 자리가 어떤 것인지 알아채기는 쉽지 않다. 그리고 그것이 무엇이라고 확실히 해명해 내는 것도 어렵다. 그러니 그것은 우선 넘어가자.

|

내가 생각하기에, 싸이야말로 행복이 무엇이냐는 질문에 가장 현명하게 접근했는데, 그것은, 그가 '기분이나 마음의 상태'가 아니라 '행위'에 초점을 맞추었기 때문

이다. 그로써 그의 답은, 앞에서 거론한 법륜을 포함한 이들의 답들과 질적으로 다르다. 다를 뿐 아니라 그들을 능가한다. 가수와 아들과 아비의 자리에 있다는 것이 뜻하는 바는, 그 자리가 〔윤리적으로〕 요청하는 〔사회적〕 역할을 잘 행한다는 것이고, 그래서 아리스토텔레스가 제시한 행복의 개념인, '덕행으로써 얻는 기분 좋은 상태'와 일맥상통한다.

|

아리스토텔레스의 덕행은 인간의 자기 실현의 원천인데, 그에 따르면, 행복이란 인간이 자신이 지닌 본성을 충분히 실현하는 기쁨이다. 덕행의 결과로 행복이 주어지는 것이 아니라, 덕행을 행하는 행위 그 자체가 심오한 기쁨 곧 행복이라는 말이다. 선하고 좋은 행위는 그 자체가 보상이다. 예컨대 아침에 일어나, 오늘 하루도 귀한 시간으로 여겨 가치 있는 삶을 살 것에 대해 묵상하고, 운동을 한 후 개운하게 샤워를 하고, 자신이 즐겨 듣는 에프엠 음악을 들으며 건강한 식사를 준비하고, 오늘의 뉴스를 뒤적이며 감사하게 먹고, 맛있는 커피를 정성껏 만들어 고요히 앉아 바깥 풍경을 감상하며 커피를 마시고, 그러고서 사랑하는 사람들의 안녕을 물었다고 해서, 모종의 보상을 기대하지 않는 것과 같은 이치다. 이런 일련의 행위는, 마치 누구를 도와 주는 선행처럼, 그 자체로서 모든 의미가 종결되고 그로써 만족스러운 것이다.

|

진실하고 선하고 정의로운 일을 하는 것도 덕행이지만,

자신의 잠재적 능력을 충분히 펼쳐내는 것도 덕행이다. 사랑도 인간의 본성에 속하는 덕행이다. 물론 희생도 덕행이다. 그런데 행복이라는 개념의 틀 안에서 분명히 짚고 넘어가야 할 것은, 어떠한 덕행이든, 자기 부정이 아니라 '자기 긍정' 안에서 수행해야 한다는 점이다. 사랑하는 사람에게 내 간을 다 내어 주는 것이 아니라, 사랑하는 사람과 내 몸과 마음을 함께 하고 나누어야 하는 것처럼, 부모를 위해, 혹은 자식을 위해, 혹은 사랑하는 이를 위해, 자신의 삶을 '몽땅' 희생해서는 안 된다. 무언가를 위해 자신의 몸을 불사르는 것은, 고결한 행동이 틀림없지만, 그렇다고 행복한 삶은 결코 아니다. 행복이란, 타자가 이롭되 그로써 나를 해롭게 하지 않는 덕행의 기쁨이 아니고 무엇이겠는가?

|

장윤정은, 자신의 궁극적인 꿈은 '자신의 행복'이라고 했다. 그녀가 언급한 행복이라는 말이 부디 자신이 기분 좋은 상태에 그치지 않길 희망한다.

|

●

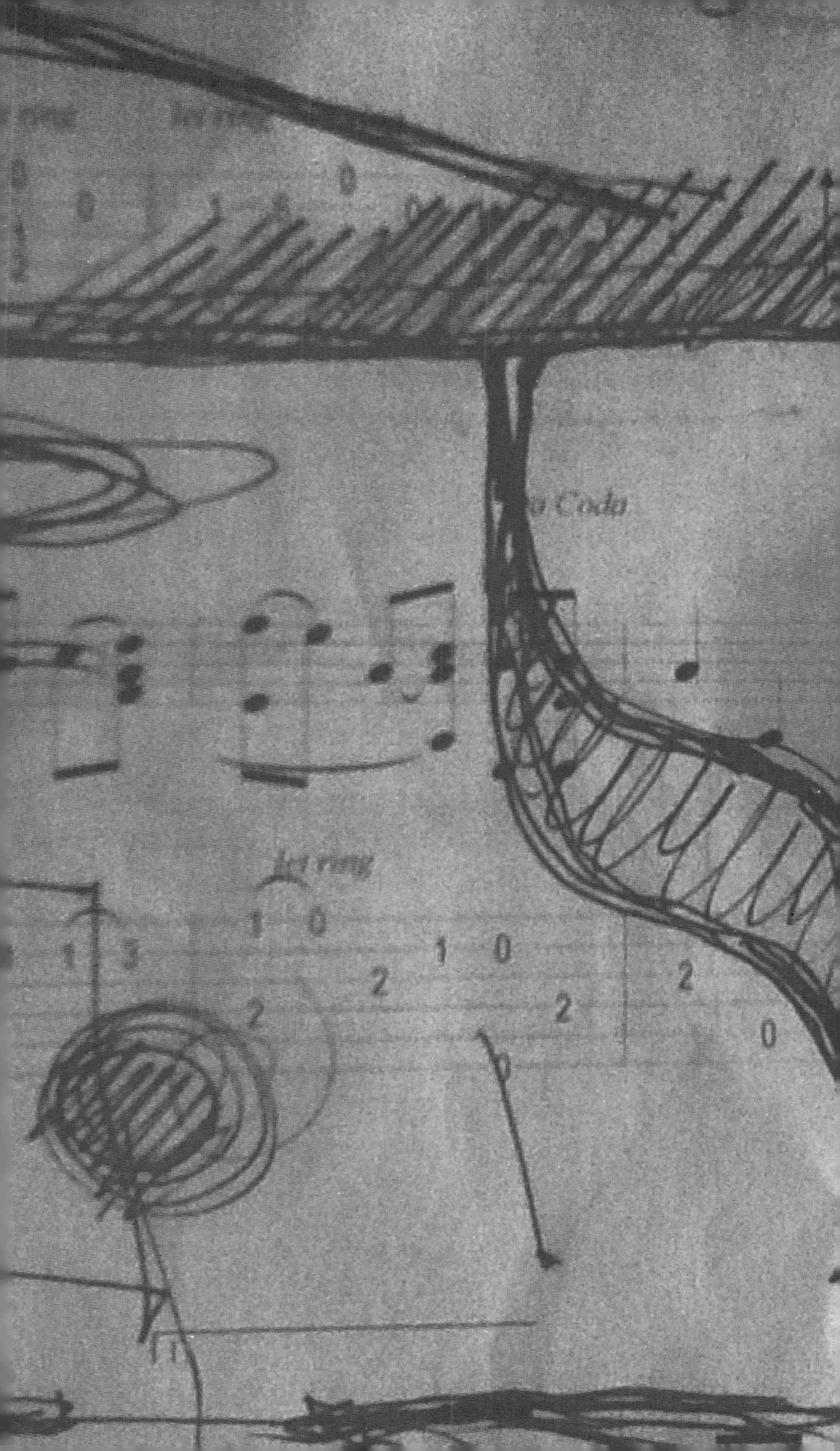
Coda
let ring

〔인생거울〕 한 건축 비평가의 인생 리모델링 매뉴얼 © 이종건

글과 사진 © 이종건은 우리 시대 가장 소중한 자리를 지키는 비평가다. 한국 현대 건축의 중심과 주변을 넘나드는 그의 글과 평문들은 언뜻 날을 세우고 있는 듯하지만, 기실 따뜻한 시선의 깊이로 문제의 핵심을 잘 집어올리고 있다. | 1955년 부산에서 태어나 부산대학교 건축공학과를 졸업하고 같은 대학의 대학원 건축공학과에서 수학하면서 꾸준히 일반 공모전과 설계 경기에 참여했다. 1987년 미국으로 건너가, 오클라호마 대학교 건축 대학에서 건축학 석사를 마친 후 조지아 공과 대학교 건축 대학에서 역사 · 이론 · 비평 전공으로 박사 학위를 받았다. 1998년부터 경기대학교 건축대학원 교수로 재직 중이다. '포아 비평가 포럼' 의장을 거쳐 『와이드AR』 논설고문으로 있으며, 2015년에 계간지 『건축평단』을 창간했다. 작품으로 한국건축가협회 초대 작가전에 출품한 〈삼가〉가 있고, 2014년에는 건축 개인전 《Outcast/ed》를 열었다. | 쓴 책으로 『건축의 존재와 의미』 『해방의 건축』 『해체주의 건축의 해체』 『중심 이탈의 나르시시즘』 『텅 빈 충만』 『문제들』 『건축 없는 국가』 등이 있으며, 옮긴 책으로 『차이들 : 현대 건축의 지형들』 『건축 텍토닉과 기술 니힐리즘』 『건축과 철학 : 바바, 건축과 탈식민주의 비판 이론』 등이 있다.

Published by 수류산방 樹流山房 Suryusanbang, 2015
초판 1쇄 2015년 09월 23일
값 10,000원
ISBN 978-89-91555-45-7 03810
Printed in Korea, 2015
수류산방 樹流山房 Suryusanbang
등록 | 2004년 11월 5일(제300-2004-173호)
주소 | 서울 종로구 청운동 57-51
| A. 57-51, Cheongun-dong, Jongno-ku, Seoul, KOREA
| T. 02 735 1085 | F. 02 735 1089
프로듀서 | 박재성 Producer | PARK Jasohn
발행인 및 편집장 | 심세중 Publisher & Editor in Chief | SHIM Sejoong
크리에이티브 디렉터 | 박상일 + 朴宰成 Creative Director | PARK Sangil + PARK Jasohn
이사 | 김범수 박승희 최문석 Director | KIM Bumsoo, PARK Seunghee, CHOI Noonseok
편집팀 | 김유정 이승민 Editorial Dept. | KIM Youjung, LEE Seungmin
디자인 · 연구팀 | 변우석 김은하 Design & Research Dept. | BYUN Wooseok, KIM Eunha
도움 | 조정화 Guest Staff | CHO Jeonghwa
인쇄 | 코리아프린테크 (T. 031 932 3551~2) Printing | Korea Printech Co.,Ltd